日本語 読解 1

이 계 옥 저

제이앤씨
Publishing Company

日本語 読解 1

머 리 말

이 교재는 일본어 학습 초보자를 위해 얼마만큼의 어휘를 어떻게 하면 쉽고 정확하게 익힐 수 있을지에 초점을 맞추어 작성하였습니다.

어휘 습득 목표는 일본 초등학교 저학년 교재에서 다루고 있는 수준을 목표로 본문과 어휘를 제시하였습니다. 도입부분에서는 될 수 있는 대로 많은 그림을 활용 시각적 인지를 통한 어휘 습득에 도움을 주고자 하였습니다. 그리고 일본초등학교에서 익히는 정서적인 노래 가사를 통해 어휘를 익힐 수 있기를 바라며, 가사를 실었습니다. 단계적으로 일본어 문장 길이와 내용을 확대 본문을 읽고 내용을 이해한 후 본문 내용을 중심으로 한 질문과 대답을 통해, 충실한 내용 파악과 일본어 구사 능력 배양을 목표로 구성하였습니다. 그래서 일본어 구사력 향상을 위해 함께 쓰는 자연스런 일본어 페어 형을 많이 제시 하였습니다.

일본어 기본 어휘 습득을 향상시키고자 다양한 문제형식을 제시 하였으며, 본문 문장을 중심으로 한 문제제기와 생각, 이유 설명을 통해 결론에 이르는 질의응답은 일본어 표현력을 길러 줄 것입니다.

일본어 기본 독해력을 높여 [말]의 종합적인 힘을 길러 두뇌의 지능지수 IQ와 마음의 지능 지수 EQ를 높여, 생각하는 힘을 기르는데 도움이 될 것입니다. 또한, 일본어 관련 기초 문제 풀이는 완전히 익혀 일본어로 구사 할 수 있도록 하는 것이 바람직합니다. 반복연습을 통한 암기는 일본어에 친밀감을 갖게 하고 실제 사용을 통해 자신감을 갖게 할 것이며, 외국어 학습을 통한 또 다른 세상과의 소통은 학습자의 지적 정보뿐만 아니라 글로벌 사회로의 지평을 확대 시켜 줄 것으로 확신하고 있습니다.

일상생활에 필요한 어휘 학습방법은 하나의 문장을 소리 내어 반복연습, 암기 될 때까지 인내력을 가지고 연습하기 바랍니다.

이 교재를 작성하는데 활용한 참고자료는 다음과 같습니다.

ドリルの王様	国語1年~3年	新興出版社
基礎学力を固める	小学国語1年~3年	教育研究社
教科書ドリル	こくご 1 ~ 3	文理株式会社
絵	Yahoo Japan	Wikipedia

もくじ

もくじ

五十音

<table>
<tr><th></th><th>わ行</th><th>ら行</th><th>や行</th><th>ま行</th><th>は行</th><th>な行</th><th>た行</th><th>さ行</th><th>か行</th><th>あ行</th><th></th></tr>
<tr><td rowspan="5">(ん、ン)
/N/
[N][n]
[m][ŋ]
[ɲ]
ほか
鼻母音
など</td><td>わ、ワ
/wa/
[ɰa̞]</td><td>ら、ラ
/ra/
[ra̞]</td><td>や、ヤ
/ya/
[ja̞]</td><td>ま、マ
/ma/
[ma̞]</td><td>は、ハ
/ha/
[ha̞]</td><td>な、ナ
/na/
[na̞]</td><td>た、タ
/ta/
[ta̞]</td><td>さ、サ
/sa/
[sa̞]</td><td>か、カ
/ka/
[ka̞]</td><td>あ、ア
/a/
[a̞]</td><td>あ段</td></tr>
<tr><td>(ゐ、ヰ)
/i/
[i̞]</td><td>り、リ
/ri/
[ri̞]</td><td>(い、イ)
/i/
[i̞]</td><td>み、ミ
/mi/
[mi̞]</td><td>ひ、ヒ
/hi/
[çi̞]</td><td>に、ニ
/ni/
[ɲi̞]</td><td>ち、チ
/ti/
[tʃi]</td><td>し、シ
/si/
[ʃi]</td><td>き、キ
/ki/
[ki̞]</td><td>い、イ
/i/
[i̞]</td><td>い段</td></tr>
<tr><td>(う、ウ)
/u/
[ɯ̞]</td><td>る、ル
/ru/
[rɯ̞]</td><td>ゆ、ユ
/yu/
[jɯ̞]</td><td>む、ム
/mu/
[mɯ̞]</td><td>ふ、フ
/fu/
[Φɯ̞]</td><td>ぬ、ヌ
/nu/
[nɯ̞]</td><td>つ、ツ
/tu/
[tsü]</td><td>す、ス
/su/
[sü]</td><td>く、ク
/ku/
[kɯ̞]</td><td>う、ウ
/u/
[ɯ̞]</td><td>う段</td></tr>
<tr><td>(ゑ、ヱ)
/e/
[e̞]</td><td>れ、レ
/re/
[re̞]</td><td>(え、エ)
/e/
[e̞]</td><td>め、メ
/me/
[me̞]</td><td>へ、ヘ
/he/
[he̞]</td><td>ね、ネ
/ne/
[ne̞]</td><td>て、テ
/te/
[te̞]</td><td>せ、セ
/se/
[se̞]</td><td>け、ケ
/ke/
[ke̞]</td><td>え、エ
/e/
[e̞]</td><td>え段</td></tr>
<tr><td>を、ヲ
/o/
[o̞]</td><td>ろ、ロ
/ro/
[ro̞]</td><td>よ、ヨ
/yo/
[jo̞]</td><td>も、モ
/mo/
[mo̞]</td><td>ほ、ホ
/ho/
[ho̞]</td><td>の、ノ
/no/
[no̞]</td><td>と、ト
/to/
[to̞]</td><td>そ、ソ
/so/
[so̞]</td><td>こ、コ
/ko/
[ko̞]</td><td>お、オ
/o/
[o̞]</td><td>お段</td></tr>
</table>

日本語 読解 1

日本語 読解 1

Unit 01

やさいの　なまえを　いって　みましょう。

アスパラガス

キャベツ

グリーンピース

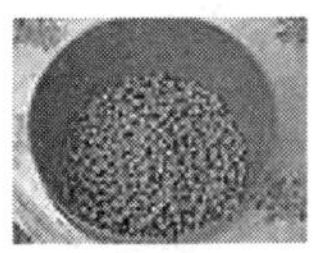

せり

セロリ

ぜんまい

そらまめ

たけのこ

たまねぎ

ふき

パセリ

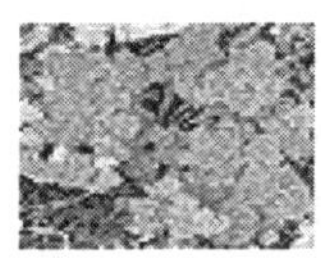

みつば

わけぎ

わらび

えだまめ

うり

おくら

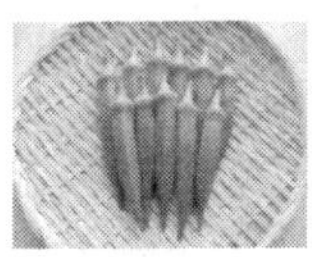

かぼちゃ

きゅうり

ゴーヤ

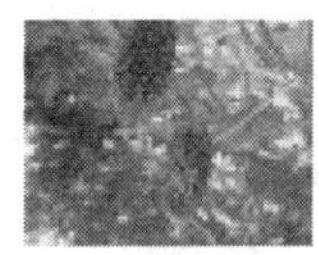

さやいんげん

シシトウ

しそ

じゃがいも

しょうが

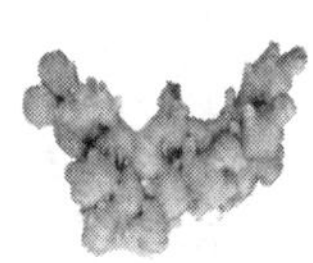

ズッキーニ

とうがらし

とうもろこし

トマト

なす

にら

にんにく

パプリカ

ピーマン

みょうが

らっきょう
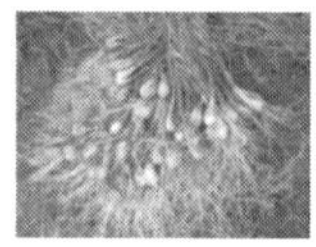
レタス

えのきたけ
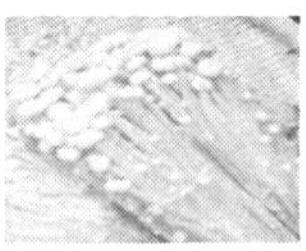
えりんぎ

きのこ

さといも

さつまいも

しいたけ
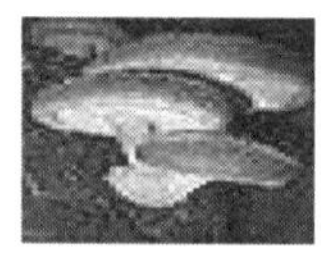

しめじ

チンゲン菜
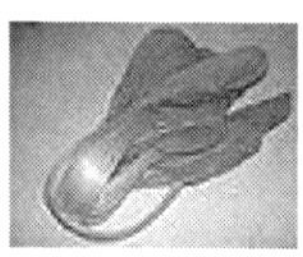
なめこ

まつたけ

やまのいも
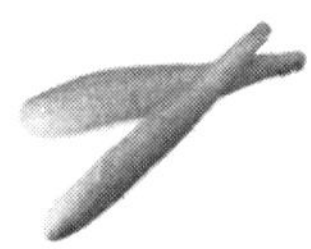

かぶ
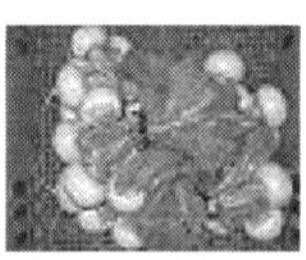
カリフラワー

ごぼう

こまつな

しゅんぎく

だいこん

菜の花

にんじん
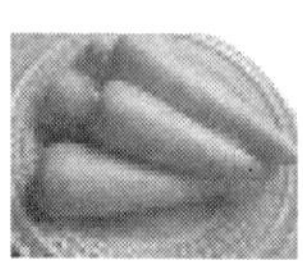
ねぎ

白菜

ブロッコリー

ほうれんそう

みずな
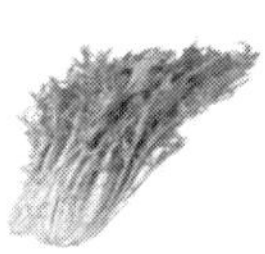
れんこん
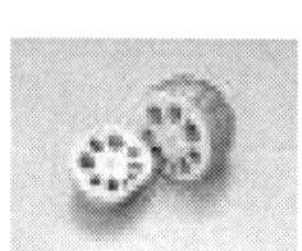

あたらしい ことばと かんじの よみがな

アスパラガス　キャベツ　グリーンピース　せり　セロリ

ぜんまい　そらまめ　たまねぎ　たけのこ　ふき　パセリ

みつば　わけぎ　わらび

えだまめ　うり　おくら　かぼちゃ　きゅうり　ゴーヤ

さやいんげん　シシトウ　しそ　じゃがいも　しょうが

ズッキーニ　とうがらし　とうもろこし　トマト　なす　にら

にんにく　パプリカ　ピーマン　みょうが　らっきょう　レタス

えのきたけ　えりんぎ　きのこ　さといも　さつまいも　しいたけ

しめじ　チンゲン菜(さい)　なめこ　まつたけ　やまのいも

かぶ　カリフラワー　ごぼう　こまつな　しゅんぎく　だいこん

菜(な)の花(はな)　にんじん　ねぎ　白(はく)菜(さい)　ブロッコリー

ほうれんそう　みずな　れんこん

問い

1 はるの　やさいの　なまえを　かいて　みましょう。봄 야채 이름을 써 봅시다.

2 なつの　やさいの　なまえを　かいて　みましょう。여름 야채 이름을 써 봅시다.

3 あきの　やさいの　なまえを　かいて　みましょう。가을 야채 이름을 써 봅시다.

4 ふゆの　やさいの　なまえを　かいて　みましょう。겨울 야채 이름을 써 봅시다.

memo

答え

1 アスパラガス　キャベツ　グリーンピース　せり　セロリ　ぜんまい　そらまめ　たけのこ　たまねぎ　ふき　パセリ　みつば　わけぎ　わらび

2 えだまめ　うり　おくら　かぼちゃ　きゅうり　ゴーヤ　さやいんげん　シシトウ　しそ　じゃがいも　しょうが　ズッキーニ　とうがらし　とうもろこし　トマト　なす　にら　にんにく　パプリカ　ピーマン　みょうが　らっきょう　レタス

3 えのきたけ　えりんぎ　きのこ　さといも　チンゲン菜　さつまいも　しいたけ　しめじ　なめこ　まつたけ　やまのいも

4 かぶ　カリフラワー　ごぼう　こまつな　しゅんぎく　だいこん　菜の花　にんじん　ねぎ　白菜　ブロッコリー　ほうれんそう　みずな　れんこん

Unit 02

くだものの　なまえを　いって　みましょう。

カンキツ類

みかん

レモン

ゆず

あんず

いちご

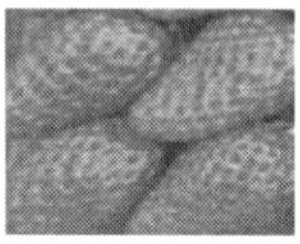

いちじく

うめ

キウイ

グアバ

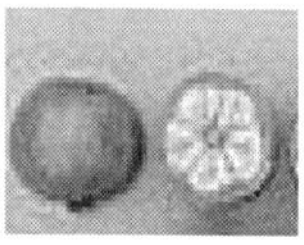

さくらんぼう

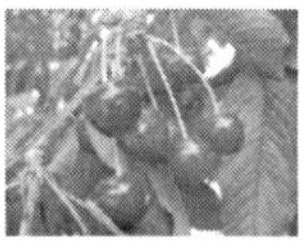

すいか

ドリアン

夏みかん

パイナップル

びわ

ぶどう

ブルーベリー

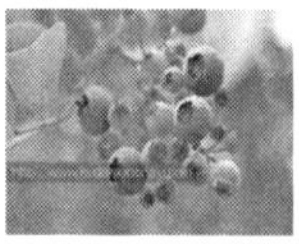

プルーン

マンゴー

マンゴスチン

メロン

もも

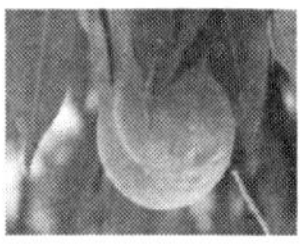

ライチ

アボカド

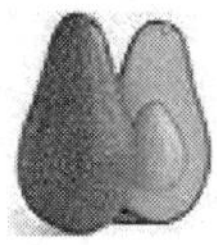

オレンジ

かき

カリン

グレープフルーツ

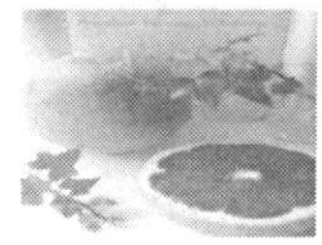

なし

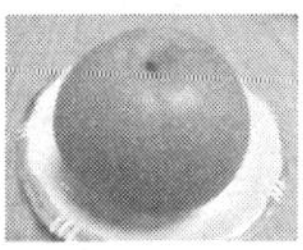

ざくろ

バナナ

りんご

あたらしい ことばと かんじの よみがな

カンキツ類(るい)　みかん　レモン　ゆず

あんず　いちご　いちじく　うめ　キウイ　グアバ

さくらんぼう　すいか　ドリアン　夏(なつ)みかん　パイナップル　びわ

ぶどう　ブルーベリー　プルーン　マンゴー　マンゴスチン　メロン

もも　ライチ

アボカド　オレンジ　かき　カリン　グレープフルーツ

なし　ざくろ　バナナ　りんご

問い

1 春の　くだものには　なにが　ありますか。 봄 과일에는 무엇이 있나요?

2 夏の　くだものには　なにが　ありますか。 여름 과일에는 무엇이 있나요?

3 秋の　くだものには　なにが　ありますか。 가을 과일에는 무엇이 있나요?

3 冬の　くだものには　なにが　ありますか。 겨울 과일에는 무엇이 있나요?

「あ・い・う・え・お」で　はじまる　絵(え)の　なまえを　いいましょう。

あり
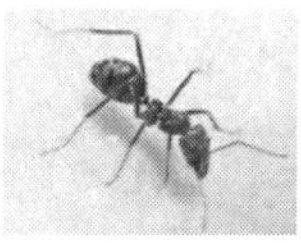
あひる

あやとり

いす

イクラ
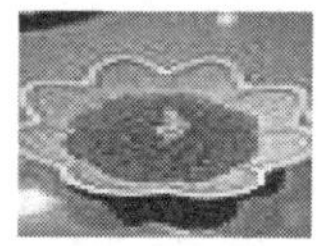
イルカ

うし

うちわ

うさぎ

えい

えのぐ
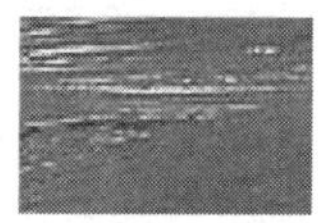
えんぴつ

おに

おにぎり

オウム

はつおんして　みましょう。

おもちの　ならぶ　**おもち**やさん。

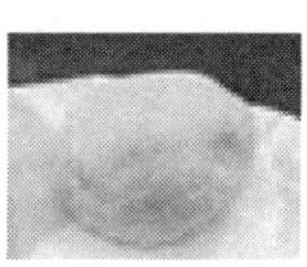

おもちゃが　いっぱい　**おもちゃ**やさん。

びょういんに　おみまいに　いく。

びよういんで、かみを　きる。

あたらしい ことばと かんじの よみがな

ありあひるあやとりいすイクライルカ

あり　あひる　あやとり　いす　イクラ　イルカ

うし　うちわ　うさぎ　えい　えのぐ　えんぴつ

おに　おにぎり　オウム　はつおんする　おもち　ならぶ

おもちやさん　おもちゃ　いっぱい　おもちゃやさん

びょういん　おみまいに　いく　びよういん　かみを　きる。

答え

1 あんず　いちご　いちじく　うめ　キウイ　グアバ

2 さくらんぼう　すいか　ドリアン　夏みかん　パイナップル　びわ　ぶどう　ブルーベリー　プルーン　マンゴー　マンゴスチン　メロン　もも　ライチ

3 アボカド　オレンジ　かき　カリン　グレープフルーツ　なし　ざくろ　りんご　バナナ

4 カンキツ類　みかん　レモン　ゆず

Unit 03

なわとび

わたしは、きのう、ひろばで、なわとびを　して　あそびました。

ひろこさんが、　うしろとびを　おしえて　くれました。

わたしも　できました。

あたらしい ことばと かんじの よみがな

きのう	ひろば	なわとび	あそぶ
うしろとび	おしえて	くれる	できる

問(と)い

1 いつの　ことですか。　언제 일인가요?

2 どこで　あそびましたか。　어디에서 놀았나요?

3 なにを　して　あそびましたか。　무엇을 하고 놀았나요?

4 ひろこさんは　なにを　おしえて　くれましたか。

hiroko는 무엇을 가르쳐 주었나요?

ⓐと　ⓑの　わけに　あたる　かおを　かいて　みましょう。

ⓐ와 ⓑ의 이유에 해당되는 얼굴을 그려봅시다.

ⓐ どうしたの。　왜그래?

「どうしてかと　いうと、なわとびが　とべたからだよ。」

왜냐하면, 줄넘기가 되어서.

ⓑ どうしたの。 왜그래?

「どうしてかと　いうと、ころんで　ひざを　すりむいたからだよ。」

왜냐하면, 넘어져 무릎이 까져서.

あたらしい ことばと かんじの よみがな

わけ	あたる	かおを	かく
どうしてかと	いうと	なわとびが	とべた
ころぶ	ひざを	すりむいた	

あいさつの　ことば

よい　あいさつは　よい　いんしょうを　あたえます。

아름다운 인사는 좋은 인상을 줍니다.

あさ　ひとに　あった　とき ➡ おはようございます。

아침에 사람을 만났을 때

ひる　ひとに　あった　とき ➡ こんにちは。

낮에 사람을 만났을 때

よる　ひとに　あった　とき ➡ こんばんは。

저녁에 사람을 만났을 때

がいしゅつ　する　とき ➡ いって　まいります。いって　きます。

외출할 때

がいしゅつ　する　ひとに ➡ いって　いらっしゃい。いってらっしゃい。

외출하는 사람에게

がいしゅつから　かえって　きた　とき ➡ ただいま　もどりました。ただいま。

외출에서 돌아왔을 때

がいしゅつから　かえって　きた　ひとに ➡ おかえりなさい。

외출에서 돌아 온 사람에게

しごとが　おわって　かえる　とき ➡ おさきに　しつれい　いたします。

퇴근할 때

たいしゃする　ひとに　むけて ➡ おつかれさまでした。

퇴근하는 사람에게

おれいを　いう　とき ➡ どうも　ありがとうございます。

감사 인사할 때 ➡ ありがとうございました。

しょくじを　する　まえに ➡ いただきます。

식사 전에

しょくじの　あと
식사 후에

➡ ごちそうさまでした。

わかれる　とき
헤어질 때

➡ さようなら。さよなら。
➡ では、また。では、しつれいします。

あたらしい ことばと かんじの よみがな

はる　　あいさつ　　ことば　　あいさつの　　ことば

あさ　　ひる　　よる

がいしゅつ　　がいしゅつする　　かえる

たいしゃする　　むける　　ひとに　　むけて

おれい　　おれいを　いう

しょくじ　　しょくじの　まえ　　しょくじの　あと　　しょくじを　する

おはようございます　　こんにちは　　こんばんは

いって　まいります　　いって　いらっしゃい　　ただいま

しつれい　　しつれいします

さき　　おさきに　　つかれる

ありがたい　　ありがとうございます

いただく　　いただきます　　ごちそうさま

つぎの　れいぶんの　ように　ぶんしょうを　かんせい　して　かき、こたえて　みましょう。

＜れい＞　あさ　ひとに　あった　ときは　なんと　あいさつしますか。
아침에 사람을 만났을 때는 뭐라고 인사하나요?

おはようございます。

1. ひる ＿＿＿＿＿＿＿＿＿＿＿＿ / ＿＿＿＿＿＿

2. よる ＿＿＿＿＿＿＿＿＿＿＿＿ / ＿＿＿＿＿＿

＜れい＞　れい　がいしゅつする　ときは　なんと　あいさつしますか。
외출 할 때에는 뭐라고 인사하나요?

3. がいしゅつから　かえって　きた　ときは ＿＿＿＿＿＿＿＿

4. しょくじを　する　まえには ＿＿＿＿＿＿＿＿

5. おれいを　いう　ときには ＿＿＿＿＿＿＿＿

6. わかれる　ときは ＿＿＿＿＿＿＿＿

7. ねる　まえには ＿＿＿＿＿＿＿＿

memo

答え

1 きのう　2 ひろば　3 なわとび　4 うしろとび

1. ひとに　あった　ときは　なんと　あいさつしますか。
   こんにちは。
2. ひとに　あった　ときは　なんと　あいさつしますか。
   こんばんは。
3. なんと　あいさつしますか。
   ただいま　もどりました。　ただいま。
4. なんと　あいさつしますか。
   いただきます。
5. なんと　あいさつしますか。
   ありがとうございます。
6. なんと　あいさつしますか。
   さようなら。
7. なんと　あいさつしますか。
   おやすみなさい。

Unit 04

どんぐりひろい

きのう、わたしは、さっちゃんと　うらの　林へ　どんぐりひろいに　いきました。

どんぐりは、大きな　木の　下に　おちて　いました。

さっちゃんが、「わあ、いっぱい　あるよ。」と、いいました。

あたらしい ことばと かんじの よみがな

きのう	うら	林(はやし)	どんぐりひろい
大(おお)きな	木(き)の　下(した)	おちる	おちて　いる
いっぱい	ある		

問い（と）

1 どこへ　どんぐりを　ひろいに　いきましたか。

어디로 도토리를 주우러 갔었습니까?

2 どんぐりは、どんな　ところに　おちて　いましたか。

도토리는, 어디에 떨어져 있었습니까?

3 さっちゃんは、なにが　「いっぱいあるよ。」といったのですか。

satchan은, 무엇이 [많이 있어.]라고 했나요.

4 つぎの　なかから　「いっぽん」と　かぞえる　ことが　できる　ものに　○を　つけましょう。

でんしじしょ　えんぴつ　本　けしゴム　ふでばこ　さかだち

ふね　いす　木　えんとつ　しっぽ　ねこ

とけい　ものさし　したじき　かばん　ゆびわ　ブローチ

あたらしい ことばと かんじの よみがな

かぞえる　かぞえましょう　つぎ　なか　なかから　いっぽん

できる　こと　もの　いつつ　つける　つけましょう

でんしじしょ　えんぴつ　本(ほん)　けしゴム　ふでばこ　さかだち

ふね　いす　木(き)　えんとつ　しっぽ　ねこ　とけい

ものさし　したじき　かばん　ゆびわ　ブローチ

わご　かんご　すうし　じょすうし

わごの すうし

ひとつ　ふたつ　みっつ　よっつ　いつつ

むっつ　ななつ　やっつ　ここのつ　とお

かんごの すうし

いち　に　さん　し（よん）　ご　ろく

しち（なな）　はち　く（きゅう）　じゅう

ひゃく　さんびゃく　ろっぴゃく　はっぴゃく　せん

さんぜん　ろくせん　はっせん　いちまん

よん	4回（よんかい）	4歳（才）（よんさい）	4個（よんこ）
よ	4時（よじ）		
し	1234（いち　に　さん　し）		
し	4月（しがつ）		
なな	7回（ななかい）	7歳（才）（ななさい）	7個（ななこ）
しち	7時（しちじ）	7月（しちがつ）	
きゅう	9回（きゅうかい）	9歳（才）（きゅうさい）	
く	9時（くじ）	9月（くがつ）	

じょすうし

こ（個）

さつ（冊）：本を　かぞえる　とき

ひき（匹）：さかな、虫（むし）、いぬ、ねこなど

いっぴき　　さんびき　　ろっぴき

はっぴき　　じゅっぴき

せき（隻）：ふね

かい（回）

羽（わ）：鳥類（ちょうるい）、　うさぎ

まい：平たいもの（ひら）、紙（かみ）、海苔（のり）

だい：自動車（じどうしゃ）

ほん：細長いもの（ほそながい）、映画（えいが）、コンピューターゲーム、

5 つぎの　(　　)に　あてはまる　かぞえかたを　□から　えらんで、かきましょう。

① 三（さん）(　　　) の　くるま

② 四（よん）(　　　) の　ねこ

③ 六（ろく）(　　　) の　おりがみ

④ 九（きゅう）(　　　) の　ボールペン

⑤ 七（なな）(　　　) の　とり

わ　　ひき　　まい　　だい　　ほん

6 つぎの　ぶんの　なかには、まちがって　いる　じが　ひとつずつ　あります。まちがって　いる　じの　下に＿＿を　ひいて、(　)に　ただしい　じを　かきましょう。

① わたしわ、あさ　はやく　おきました。　(　　　)

② おみせで、　けしゴムお　かいました。　(　　　)

③ あしたも　がっこうえ　いきます。　(　　　)

④ きょおも、　よい　てんきです。　(　　　)

⑤ ふうとうに　きつてを　はります。　(　　　)

7 (　　)には　どちらの　ひらがなが　はいりますか。{　　}から　えらんで　かきましょう。

① お (　) さま　　　② お (　) かみ

③ ど (　) ろ　　　④ こ (　) り

{　う　お　}

答え

1 うらの　林　　2 大きな　木の　下　　3 どんぐり

4 えんぴつ　木　えんとつ　しっぽ　ものさし

5 ① だい　② ひき　③ まい　④ ほん　⑤ わ

6 ① わたしわ、あさ　はやく　おきました。　(は)
② おみせで、　けしゴムお　かいました。(を)
③ あしたも　がっこうえ　いきます。　(へ)
④ きょおも、　よい　てんきです。　(う)
⑤ ふうとうに　きつてを　はります。　(っ)

7 ① う　② お　③ う　④ お

Unit 05

きつねの　子

　ちいさな　きつねの　子が、ひるねを　して　いました。子ぎつねの　コンでした。

子ぎつねの　コンは、とっても　いい　ゆめを　見ていました。

　なんだか　よく　おぼえて　いないけれど、おいしい　ものを　たくさん　たべた

あとのような、うれしい　気もちで　目を　あけました。

あたらしい ことばと かんじの よみがな

きつね	子(こ)	きつねの　子	ちいさな	ちいさな　きつね
ひるね	ひるねを　する		子ぎつね	とっても　いい
ゆめ	とっても　いい　ゆめ		見(み)る	見て　いる
なんだか	よく	おぼえる	おぼえて　いない	けれど
おいしい	たくさん	たべる	あと	あとの　ような
うれしい	気(き)もち	うれしい　気もち		目(め)　あける
目を　あける				

問(と)い

1 きつねの　子は　なにを　して　いましたか。

새끼 여우는 무엇을 하고 있었나요?

✎ ______________________________

2 コンは、どんな　気もちで　目を　あけたのですか。

kon은, 어떤 기분으로 눈을 떴나요?

✎ ______________________________

3 ちいさな　きつねの　子と　いうのは、だれですか。

조그만 새끼 여우는, 누구인가요?

✎ ______________________________

4 ひだりがわと　みぎがわの　ことばが　つながる　ように　きごうを（　）に　書きましょう。

① おおきな　おとに（　　）・　　　　・ⓐさがす。

② なくした　ほんを（　　）・　　　　・ⓑちかづく。

③ たんじょうびが（　　）・　　　　・ⓒおどろく。

あたらしい　ことば

おおきな　おと　　　おとに　おどろく

なくした　ほん　　　ほんを　さがす

たんじょうびが　ちかづく

memo

答え

1 ひるね

2 うれしい　きもち

3 コン

4 ① (ⓒ)　② (ⓐ)　③ (ⓑ)

四季の歌

作詞　荒木とよひさ
作曲　荒木とよひさ

1.　春を　愛する　人は　こころきよき　人
すみれの　花の　ような
僕の　友だち

2.　夏を　愛する　人は　こころつよき　人
岩を　くだく　波の　ような
僕の　父おや

3.　秋を　愛する　人は
愛を　かたる　ハイネの　ような
僕の　こいびと

4.　冬を　愛する　人は
ねゆきを　とかす　だいちの　ような
僕の　母おや

あたらしい ことばと かんじの よみがな

四季(しき)の歌(うた)　　作詞(さくし)　　作曲(さっきょく)

春(はる)を　愛(あい)する　人(ひと)　　こころきよき　　すみれ　　花(はな)の　ような

僕(ぼく)の　友(とも)だち

夏(なつ)を　愛する　　こころつよき　　岩(いわ)を　くだく　　波(なみ)の　ような

父(ちち)おや

秋(あき)を　愛する　　愛(あい)を　かたる　　ハイネの　ような　　こいびと

冬(ふゆ)を　愛する　　ねゆきを　とかす　　だいちの　ような　　母(はは)おや

Unit 06

しまうま

しまうまの　赤ちゃんは、生まれて　三十分も　たたない　うちに、じぶんで　立ち上がります。　そして、つぎの　日には、はしるように　なります。　それで、つよい　どうぶつに　おそわれても、おかあさんと　いっしょに　にげる　ことが　できるのです。

あたらしい ことばと かんじの よみがな

しまうま	赤(あか)ちゃん	生(う)まれる	三十分(さんじゅっぷん)	たつ	
たたない	うちに	じぶんで	立(た)ち上(あ)がる	つぎの	日(ひ)
はしる	それで	つよい	どうぶつ	おそわれる	
いっしょに	にげる				

問い

1 しまうまの　赤ちゃんが、　じぶんで　立ち上がるように　なるのは、いつですか。 아기 얼룩말이, 혼자서 일어나게 되는 것은, 언제인가요?

2 はしるように　なるのは　いつですか。 뛰게 되는 것은 언제인가요?

3 生まれた　つぎの　日に　はしれるように　なることは、　どんな　よい　ことが　ありますか。 태어난 다음 날 뛰게 되면, 어떤 좋은 일이 있나요?

4 しりとりに　なるように、｛　　　｝の　なかから　えらんで、（　　）に　ひらがなを　かきましょう。

スタート　きつね →（　　）→ こあら →（　　）→ ゴール

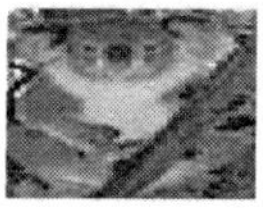

スタート　とけい →　（　　）→　しろくま　（　　）→　めいろ →

（　　）→　くり →　（　　）→　すいか →　（　　）→　ゴール

｛ねこ　らっこ　いのしし　まめ　ろうそく　りす　かご｝

5 ひだりがわの　ことばと　あう　ものを　みぎがわの　ほうから　えらんで、きごうを　（　）に　かきましょう。

① なかまを（　　）	ⓐ じゅくす。
② みが　（　　）	ⓑ のばす。
③ 日が　（　　）	ⓒ しぼむ。
④ 花が　（　　）	ⓓ ふやす。
⑤ くきを　（　　）	ⓔ かげる。

6 ひだりがわの　ことばの　いみを　みぎがわの　ほうから　えらんで、きごうを　（　）に　かきましょう。

① どしゃぶり（　　）　　ⓐ すがた。
② くぼみ（　　）　　ⓑ へこんだ　ところ。
③ だいじょうぶ（　　）　　ⓒ しんぱいの　ない　ようす。
④ かっこう（　　）　　ⓓ 雨が　ひどく　ふる　こと。

答え

1 三十分も　たたない　うち

2 生まれた　つぎの　日

3 にげる　ことが　できる

4 ねこ　らっこ
いのしし　まめ　ろうそく　りす　かご

5 ①（ⓓ）　②（ⓐ）　③（ⓔ）　④（ⓒ）　⑤（ⓑ）

6 ①（ⓓ）　②（ⓑ）　③（ⓒ）　④（ⓐ）

Unit 07

だんごむし

どう　したら、　みつける　ことが　できるでしょうか。

だんごむしは、にわや　こうえんに　います。

だんごむしは、　くらくて　しめった　ところが　すきです。

おちばや　いしを　どけると、　みつける　ことが　できます。

あたらしい ことばと かんじの よみがな

だんごむし	まわり	ちいさな　いきもの
どう　したら	みつける	できる
くらくて　しめった　ところが	すき	どける
おちばを　どける		いしを　どける
ことが　できる		

問い

1 「だんごむしは」は　つぎの　どれですか。◯を　つけましょう。

콩 벌레는 다음 중 어느 것일까요? ◯를 칩시다.

① 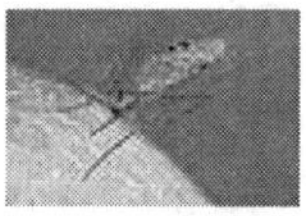

② 

③ 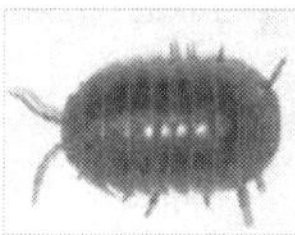

2 だんごむしは、どうしたら　みつけられますか。

콩 벌레는, 어떻게 하면 찾을 수 있을까요?

にわや　こうえんの、おちばや　いしを　(　　　　)と　みつかる。

마당이나 공원의 낙엽이나 돌을 제치면 찾게 된다.

3 だんごむしは　わたしたちの　まわりの　どこに　いますか。

콩 벌레는 우리 주변 어디에 있나요?

だんごむしは　(　　　　　)や　(　　　　　)に　います。

콩 벌레는 마당이나 공원에 있습니다.

4 だんごむしは　どんな　ところが　すきですか。

콩 벌레는 어떤 곳을 좋아하나요?

だんごむしは（　　　）て　（　　　）　ところが　すきです。

콩 벌레는 어둡고 습한 곳을 좋아합니다.

5 ともだちの　はなしを　きく　ときの　ききかたと　して　よい　ものには　○を　よくない　ものには　×を　つけましょう。

①（　）となりの　ひとと　そうだんしながら　きく。

②（　）はなしが　おわるまで　しずかに　きく。

③（　）わからない　ときは、すぐに　しつもんする。

④（　）はなして　いる　ともだちを　みて　きく。

答え

1 ③

2 どける

3 にわ　こうえん

4 くらく　しめった

5 ①（×）　②（○）　③（×）　④（○）

Unit 08

ばった

ばったは、 くさはらに います。

ばったは、すぐには みつける ことが できません。

ばったの いろが、 くさの いろと にて いるからです。

ひとが ちかづくと、 ばったは おどろいて とびたちます。 それで、 みつける ことが できます。

あたらしい ことばと かんじの よみがな

ばった	くさはらに いる	すぐに みつける
ばったの いろ	くさの いろ	にて いる
ひとが ちかづく	おどろいて とびたつ	
みつける ことが できる		

問い

1 わたしたちの　まわりには、ちいさな　いきものが　います。「ばった」は、　どこに　いますか。

우리 주변에는, 작은 생물이 있습니다. 메뚜기는, 어디에 사나요?

✎ ____

2 ばったを　すぐに　みつける　ことが　できないのは　なぜですか。

메뚜기를 바로 못 찾는 것은 왜일까요?

ばったの　いろが、（　　）の　いろと　（　　）　いるから。

메뚜기 색깔이 풀색과 흡사하기 때문.

3 としょかんで　しては　いけない　ことを　ふたつ　えらんで、Xを　つけましょう。

①（　　）おおきな　こえで、ほんを　よむ。

②（　　）ほんの　ばしょを　かかりの　ひとに　きく。

③（　　）よみたい　ほんを、はしって　とりに　いく。

④（　　）よんだ　ほんを、もとの　ばしょに　もどす。

あたらしい　ことば

としょかん	しては　いけない　こと	
おおきな　こえ	ほんを　よむ	かかりの　ひと
ひとに　きく	よみたい　ほん	はしって　いく
とりに　いく	よんだ　ほん	もとの　ばしょに　もどす

4 つぎのようなとき、ともだちに　なんと　いいますか。｛　　｝の　なかから　えらんで、きごうを　かきましょう。

Ⓐ　かりて　いた　ほんを　かえす　とき。（　　）

Ⓑ　やくそくの　じかんに　おくれた　とき。（　　）

｛　①　ごめんね。　　②　ありがとう。　｝

あたらしい　ことば

ほんを　かりる	ほんを　かえす
やくそくの　じかん	じかんに　おくれる

5 つぎの　えを　みて（　　）の　なかに　はいる　かなを　かきましょう。

（　　）こ　　きん（　　）　マッシュル（　　）ム　かた（　　）

6 ただしい　ほうに、◯(まる)を　つけましょう。

Ⓐ おばあさんは、だいこんを　ぬこうと　しました。けれども、
だいこんは　①（　　）ぬけました。
②（　　）ぬけません。

Ⓑ おじいさんは、さかなを　つろうと　しました。けれども、さかなは
①（　　）つれません。
②（　　）つれました。

あたらしい　ことば

だいこんを　ぬく	ぬけない
さかなを　つる	つれない

memo

答え

1 くさはら

2 くさ　　にて

3 ①（×）　　③（×）

4 Ⓐ（②）　　Ⓑ（①）

5 （ひよ）　　（ぎょ）　　（ー）　　（つむり）

6 Ⓐ　②（○）　　Ⓑ　①（○）

Unit 09

まいごの お知らせを します。

すずきかおりさん という 四さいの 女の子が、 まいごに なって います。

かおりさんは、青い ワンピースを きて、リボンの ついた 白い ぼうしを かぶり、

うさぎの ぬいぐるみを もって います。

見かけた 人は、かかりまで お知らせ ください。

あたらしい ことばと かんじの よみがな

まいご	ぼうしを かぶる	ぬいぐるみ	
見かける	かかり	知(し)らせる	聞(き)きおとす
いけない	だいじな こと		

問い（と）

1 まいごの お知らせを 聞く とき 聞きおとしては いけない だいじな ことを、つぎの（　　）に 書きましょう。

① （　　　　）の 女の子。

② （　　　　　　）を きて いる。

③ リボンの ついた （　　　　）を かぶって いる。

④ （　　　　　　）を もって いる。

2 かおりさんを 見かけた 人は、どうすれば いいですか。

✎ ＿＿＿＿＿＿＿＿＿＿＿＿＿＿＿＿＿＿＿＿＿＿＿＿＿＿＿＿

3 つぎの＿＿せんの ことばの いみと して、あって いる ものに ○を つけましょう。

① 五さいの 男の子が、 まいごに なって います。

ⓐ（　　）ほごしゃと はぐれて しまった 子ども。

ⓑ（　　）かなしく なって しまった 子ども。

ⓒ（　　）ひとりで さびしく なった 子ども。

② だいじな　ことを　<u>聞きおとす</u>。

ⓐ（　　）聞いた　ことを　すぐに　わすれる。

ⓑ（　　）聞かなくては　いけない　ことを　聞きのがす。

ⓒ（　　）聞かなくても　いい　ことは　聞かないように　する。

あたらしい ことばと かんじの よみがな

男(おとこ)の子	ほごしゃ	はぐれる	かなしく　なって
ひとりで	さびしい	だいじな　こと	わすれる
聞きのがす			

4 つぎの　ことばを　かたかなで　かきましょう。

우유 みるく	토스트 とうすと	숟가락 すぷうん
＿＿＿＿＿	＿＿＿＿＿	＿＿＿＿＿
요구르트 ようぐると	튜울립 ちゅうりっぷ	시이소 しいそ
＿＿＿＿＿	＿＿＿＿＿	＿＿＿＿＿

슬리퍼	단추	란도셀
すりっぱ	ぼたん	らんどせえる
________	________	________
요트	피아노	마라톤
よっと	ぴあの	まらそん
________	________	________
토마토	물컵	
とまと	こっぷ	
________	________	

5 つぎの　ことばの　反対の　いみの　ことばを　｛　　　｝から　えらんで　きごうを　かきましょう。

① おおきな　て。　(　　　)

② あかるい　へや。　(　　　)

③ かわいた　つち。　(　　　)

｛ⓐ くらい　ⓑ しめった　ⓒ ちいさな｝

6 ひだりがわと　みぎがわの　ことばが　つながるように、（　）に　きごうを　書きましょう。

① のびたり（　　）・　　　　・ⓐつづく

② ごうれいを（　　）・　　　　・ⓑわに　なる

③ まるい（　　）・　　　　・ⓒかける。

④ どこまでも（　　）・　　　　・ⓓちぢんだり　する。

7 つぎの　日づけの　よみかたを　かきましょう。

① 一(いち)がつ　一日（　　　　）

② 二(に)がつ　二日（　　　　）

③ 三(さん)がつ　三日（　　　　）

④ 四(し)がつ　四日（　　　　）

⑤ 五(ご)がつ　五日（　　　　）

⑥ 六(ろく)がつ　六日（　　　　）

⑦ 七(しち)がつ　七日（　　　　）

⑧ 八(はち)がつ　八日（　　　　）

⑨ 九(く)がつ　九日（　　　　）

⑩ 十(じゅう)がつ　十日 (　　　　　　)

⑪ 十一がつ　十四日 (　　　　　　)

⑫ 十二がつ　二十日 (　　　　　　)

答(こた)え

1 ① (四さい)　② (ワンピース)　③ (白い　ぼうし)　④ (うさぎの　ぬいぐるみ)

2 かかりまで　しらせる。

3 ① (ⓐ)　② (ⓑ)

4 ミルク　トースト　スプーン　ヨーグルト　チューリップ　シーソ　スリッパ　ボタン
ランドセール　ヨット　ピアノ　マラソン　トマト　コップ

5 ① (ⓒ)　② (ⓐ)　③ (ⓑ)

6 ① (ⓓ)　② (ⓒ)　③ (ⓑ)　④ (ⓐ)

7 ① ついたち　② ふつか　③ みっか　④ よっか　⑤ いつか　⑥ むいか
⑦ なのか　⑧ ようか　⑨ ここのか　⑩ とおか　⑪ じゅうよっか　⑫ はつか

Unit 10

おさるがふねをかきました

まど・みちお

ふねでもかいてみましょうと
おさるがふねをかきました。

けむりをもこもこはかそうと
えんとついっぽんたてました。

なんだかすこしさびしいと
しっぽもいっぽんつけました。

ほんとにじょうずにかけたなと
さかだちいっかいやりました。

新しい言葉と漢字のよみがな

ふねをかく	えんとつをたてる	しっぽをつける
けむりをはく	さかだちをやる	さる
もこもこ（もくもく）	じょうずにかける	

問い

1 おさるがかいたふねをかいてみましょう。

✎ ______________________________

2 できたふねのえをみて、 おさるがおもったことをしのなかからぬきだしてかきましょう。

✎ ______________________________

3 おさるはふねをかいたあと、 なにをかきたしましたか。
じゅんばんにふたつかきましょう。

✎ ______________________________

4 「じかん」と「かんじ」のように、 ことばのなかのもじのじゅんばんをいれかえて、 べつのことばをつくりましょう。

✎ ______________________________

① とけい (　　　　)

② ぼたん (　　　　)

③ わたし (　　　　)

④ つきみ (　　　　)

5 次の文の（　　）にあてはまることばを、｛　　　｝からえらんでかきましょう。

① やわらかくて、（　　　　）したふとんでねる。

② あらった手は、（　　　　）している。

③ うしが口を（　　　　）うごかしている。

｛ もぐもぐ　　すべすべ　　ふわふわ ｝

6 「ふゆ」ということばからあたまにうかんでくるものを、つぎからえらんで○をつけましょう。

① ひまわり（　　）

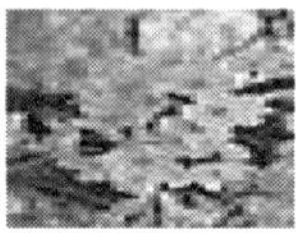
② さくら（　　）

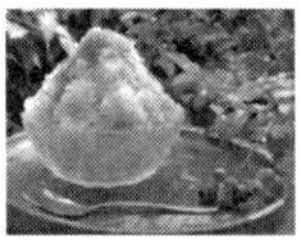
③ かきごおり（　　）

④ マフラー（　　）

⑤ こたつ（　　）

⑥ せんぷうき（　　）

⑦ クリスマス
(　　)

⑧ ゆきだるま
(　　)

⑨ せんす
(　　)

⑩ つつじ
(　　)

新しい言葉と漢字のよみがな

とけい　ぼたん　つきみ　けいと　たんぼ　つみき
やわらかい　ふとん　うし　うごかす　もぐもぐ
すべすべ　ふわふわ　ひまわり　さくら　かきごおり
マフラー　こたつ　せんぷうき　クリスマス　ゆきだるま
せんす　つつじ

答え

1 各自

2 じょうずにかけた

3 えんとつ　しっぽ

4 ①（けいと）　②（たんぼ）　③（たわし）　④（つみき）

5 ①（ふわふわ）　②（すべすべ）　③（もぐもぐ）

6 ④⑤⑦⑧

夕焼け小焼け ♪

中村雨紅　　作詞
草川　信　　作曲

1　夕焼け　小焼けで　日が　くれて
山のお寺の　かねがなる
お手々　つないで　みな　帰ろう
からすと　いっしょに　かえりましょう

2　子どもが　帰った　後からは
まるい　大きな　お月さま
小鳥が　夢を　見るころは
空には　きらきら　金の星

新しい言葉と漢字のよみがな

夕焼(ゆうや)け	小(こ)焼け	日(ひ)が	くれる	
山(やま)	お寺(てら)	鐘(かね)	鳴(な)る	
お手々(てて)	つなぐ	みな	帰(かえ)ろう	
からす	いっしょに	かえりましょう		
子供(こども)	帰(かえ)った	後(あと)から	まるい	大(おお)きな
お月(つき)さま	小鳥(ことり)	夢(ゆめ)を　見(み)るころ		空(そら)
きらきら	金(きん)の星(ほし)			

Unit 11

すいえいのとくいなせとさん

こんのさおり

せとさんのとくいなことは、すいえいです。いちばんとくいなおよぎかたをきいたら、「せおよぎです。」と、教えてくれました。

二百メートルもおよげるそうです。四さいのときからずっとならっていて、だんだんじょうずになったそうです。

せとさんのいいところは、ほかにもあります。

せとさんは、親切だと思います。どうしてかというと、けしゴムをわすれてしまったときに、かしてくれたからです。

こんど、せとさんに、せおよぎを教えてもらいたいと思います。

新しい言葉と漢字のよみがな

水泳(すいえい)	得意(とくい)	泳(およ)ぎ方(かた)	背(せ)泳ぎ	教(おし)える
ほかにも	親切(しんせつ)	わすれる	貸(か)してくれる	こんど
バタフライ	平(ひら)泳ぎ	クロール	背(せ)泳ぎ	

泳ぎ方を言ってみましょう。

バタフライ

平泳ぎ

クロール

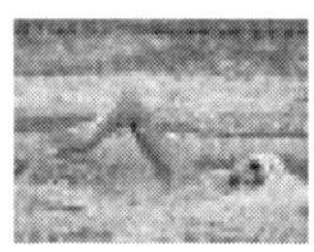

背泳ぎ

問い

1 せとさんのとくいなことは何ですか。

✎ ____________________

2 どうしてせとさんが親切だと思っていますか。

✎ ____________________

3 次の文の（　　）にあてはまることばを、｛　　　｝からえらんでかきましょう。

① 大きなはこを、（　　　　）。

② じしんで、はしらが（　　　　）。

③ あさがおのつるが（　　　　）。

｛かたむく　　のびる　　はこぶ｝

4 ものには、一つ一つに名まえがついています。りんご、みかん、バナナなどは、一つ一つの名まえです。
一つ一つのものを、まとめてつけた名まえもあります。りんご、みかん、バナナなどをまとめてつけた名まえは、くだものです。次のものをまとめてつけた名まえを、｛　　｝からえらんでかきましょう。

① じゃがいも　レタス　にんじん　だいこん　キュウリ
たまねぎ　キャベツ　(　　　　)

② けしゴム　はさみ　ノート　したじき　ものさし

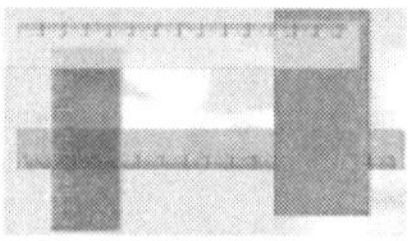
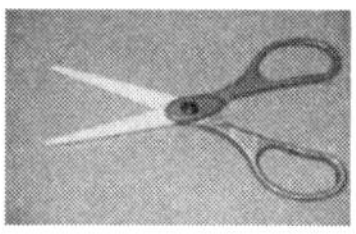

(　　　　)

③ かくれんぼ　おにごっこ　ヨーヨー　パズル
(　　　　)

④ さら　おはし　こっぷ　スプーン　ちゃわん
(　　　　)

⑤ ひこうき　ふね　バス　タクシー　電車　ちかてつ　ヨット
(　　　　)

{ やさい　あそび　のりもの　ぶんぼうぐ　しょっき}

新しい言葉と漢字のよみがな

はこ	じしん	はしら	あさがお	つる	かたむく	のびる
はこぶ	じゃがいも	レタス	にんじん	だいこん	キュウリ	
たまねぎ	キャベツ	けしゴム	はさみ	ノート	したじき	
ものさし	かくれんぼ	おにごっこ	ヨーヨー	パズル	さら	
おはし	こっぷ	スプーン	ちゃわん	ひこうき	ふね	
バス	タクシー	電車(でんしゃ)	ちかてつ	ヨット	やさい	
あそび	のりもの	くだもの	ぶんぼうぐ		しょっき	

memo

答え

1 すいえい

2 けしゴムをわすれてしまったときに、かしてくれたから

3 ①（はこぶ） ②（かたむく） ③（のびる）

4 ①（やさい） ②（ぶんぼうぐ） ③（あそび） ④（しょっき） ⑤（のりもの）

Unit 12

たんぽぽのちえ

「たんぽぽのちえ」より　うえむら　としお

よく晴れて、風のある日には、わた毛のらっかさんは、いっぱいにひらいて、とおくまでとんでいきます。

でも、しめり気の多い日や、雨ふりの日には、わた毛のらっかさんは、すぼんでしまいます。それは、わた毛がしめって、おもくなると、たねをとおくまでとばすことができないからです。

このように、たんぽぽは、いろいろなちえをはたらかせています。　そうして、あちらこちらにたねをちらして、あたらしいなかまをふやしていくのです。

新しい言葉と漢字のよみがな

晴(は)れる
らっかさんがひらく
風のある日
湿(しめ)り気(け)の多い日
雨ふりの日
天気(てんき)
らっかさんがすぼむ
わた毛(げ)がしめる
おもくなる
たねをとばす
たねをちらす
ちえをはたらかせている
なかまをふやす

問い

1 わた毛のらっかさんがいっぱいにひらいて、とおくまでとんでいくときの天気はどうですか。

2 しめり気の多い日や、雨ふりの日のらっかさんはどうなりますか。

3 たんぽぽは、どうやってあたらしいなかまをふやしていくのですか。

4 次の＿＿＿のことばのいみとして、あっているものに◯をつけましょう。

① たんぽぽの花が<u>しぼむ</u>。

ⓐ（　　）水ぶんをうしなってちぢむ。

ⓑ（　　）色がだんだんうすくなる。

ⓒ（　　）花びらがおちてなくなる。

② わた毛のらっかさんが<u>すぼむ</u>。

ⓐ（　　）ふくらんでいたものが、のびて大きくなる。

ⓑ（　　）ふくらんでいたものが、ちぢんで小さくなる。

ⓒ（　　）ふくらんでいたものが、やぶれてなくなる。

5 次の（　　）にあてはまることばを{　}から選(えら)んで書きましょう。

① 小さな貝を（　　　　）。
学校で字を（　　　　）。

② 木の下で、本を（　　　）。
右手で石を（　　　　）。

③ 生まれた（　　　　）の赤ちゃんを　だく。
たまご（　　　）の大きさです。

④ ぼく（　　　　）ぜんぶできました。
2月のカレンダーを（　　　　）。

⑤ 水にぬれて、ふくろが（　　　　）。
さいふの中のお金を（　　　　）。

⑥ ともだちをこうえんに　（　　　　）。

（　　　　）といきをはく。

⑦ あたりは（　　　　　）している。
むね（　　　　　）いきをすう。

⑧ 竹やぶの（　　　　　）なってお日さまがあたらない。
スケートが（　　　　）すべります。

｛みつける　ならう　よむ　ひろう　ばかり　ぐらい
だけ　やぶれる　かぞえる　さそう　ふうっ　しんと
いっぱいに　かげに　すいすい　めくる｝

新しい言葉と漢字のよみがな

弱々(よわよわ)しい　貝(かい)をひろう　字(じ)をならう　本をよむ　石(いし)をひろう

生(う)まれたばかり　赤ちゃんをだく　ぼくだけ　カレンダーをめくる

水にぬれる　ふくろがやぶれる　お金(かね)をかぞえる

ともだちをさそう

いきをはく　しんとしている　いきをすう　たけやぶのかげ

ひがあたらない　すいすいすべる

memo

答え

1 よく晴れて、風のある日。

2 すぼんでしまいます。

3 あちらこちらにたねをちらして

4 ① (ⓐ)　② (ⓑ)

5 ① (みつける) (ならう)　② (よむ) (ひろう)　③ (ばかりの) (ぐらい)
④ (だけ) (めくる)　⑤ (やぶれる) (かぞえる)　⑥ (さそう) (ふうっと)
⑦ (しんと) (いっぱいに)　⑧ (かげに) (すいすい)

Unit 13

ひなまつり

三月三日は、女の子のせっくです。ももの花をかざるので、「もものせっく」ともいいます。女の子のいるいえでは、もものせっくによくひなまつりをします。

ひなまつりには、にんぎょうやおひなさまをかざって、ももの花やひしもちや、白ざけをそなえます。

新しい言葉と漢字のよみがな

三月三日(さんがつきっか)　女の子(おんなのこ)　せっく　女の子のせっく

もも　花　ももの花　かざる　花をかざる

もものせっくともいう　いえ　よく

ひなまつり　する　ひなまつりをします

にんぎょう　おひなさま　にんぎょうやおひなさま

ひしもち　白ざけ(しろざけ)　そなえる

問い

1 女の子のせっくはいつですか。

2 なぜ「もものせっく」ともいいますか。

3 にんぎょうやおひなさまになにをそなえますか。

4 女の子のいるいえでは、もものせっくにどんなことをしますか。

5 ひだりがわとみぎがわのことばがつながるように（　　）の中に記号を書きなさい。

① たまごのからを（　　）	・	・ⓐ すう。
② しろいおこめが（　　）	・	・ⓑ わる。
③ はなのみつを（　　）	・	・ⓒ ざくざく
④ りゅうがくちからひを（　　）	・	・ⓓ たてる。
⑤ みせのまえにかんばんを（　　）	・	・ⓔ はく。
⑥ みみを（　　）	・	・ⓕ かじる
⑦ ころんと（　　）	・	・ⓖ あててきく。
⑧ こづちを（　　）	・	・ⓗ ころがる。
⑨ きんのこばんが（　　）	・	・ⓘ ざらざら
⑩ りんごを（　　）	・	・ⓙ ふる。

新しい言葉と漢字のよみがな

たまごのから	いえのなか	はなのみつ
りゅう	くちからひをはく	みみをあてる
ころんところがる	こづちをふる	
きんのこばんがざくざく		
しろいおこめがざらざら		

答え

1 三月三日。

2 ももの花をかざるので

3 ももの花やひしもちや、白ざけをそなえます。

4 ひなまつりをする。

5 ① ⓑ ② ⓘ ③ ⓐ ④ ⓔ ⑤ ⓓ ⑥ ⓖ
⑦ ⓗ ⑧ ⓙ ⑨ ⓒ ⑩ ⓕ

Unit 14

すがたをかえる米

丸川　ともみ

米は、いろいろな食品にすがたをかえています。

まず、ごはんです。米をといで、みずにつけてからたくと、ほかほかごはんになります。

次に、もちがあります。もちにする米は、もち米というとくべつの米です。これをむして、うすときねでつくと、もちになります。

もちつきのきかいもあります。

さらに、白玉にもなります。もち米をこなにしたものに、水を入れて練ります。それをゆでたりふかしたりすると、白玉になります。

このように、米は、くふうされて、いろいろなすがたになって食べられているのです。

新しい言葉と漢字のよみがな

食品（しょくひん）	かえる	まず	次（つぎ）に	さらに
みずにつける	ほかほかごはん		もち	
もち米（ごめ）	とくべつ	むす	うすときね	
つく	きかい	白玉（しらたま）	こな	
練（ね）る	ゆでる	ふかす	くふうされる	

問い

1 「米は、いろいろな食品にすがたをかえています。」とありますが、そのれいを三つぬきだしましょう。

____

2 一つ目（め）の例をあげるのに「まず」という言葉（ことば）を使っています。二つ目、三つ目の例をあげるとき、どんな言葉を使っていますか。

____

次の＿＿＿＿＿線のことばのいみとして、あっているものに○をつけましょう。

3 大きな魚のふりをする。

ⓐ（　　）　おどること。

ⓑ（　　）　それらしく見せること。

ⓒ（　　）　うそがばれないようにすること

4 みんながもちばをまもる。

ⓐ（　　）うけもっているところ

ⓑ（　　）だいじなものをかくすところ。

ⓒ（　　）人がたくさんあつまるところ。

5 どきどきするお話。

ⓐ（　　）おどろきやきたいで、しんぞうがはやくうごく。

ⓑ（　　）いらいらして、はしりだしたくなる。

ⓒ（　　）こわさやかなしさで、耳ががんがんする。

6 ふしぎなことがおこるお話。

ⓐ（　　）よく目にするふつうのこと。

ⓑ（　　）たまにしかおこらないこわいこと。

ⓒ（　　）ふつうでは思いもよらないようなこと。

新しい言葉と漢字のよみがな

ふりをする　おどる　それらしく見せる　うそがばれる　もちばをまもる
うけもっている　だいじなものをかくす　どきどきするお話(はなし)
おどろき　しんぞうがはやくうごく　いらいらする　はしりだしたくなる
こわさやかなしさ　耳ががんがんする　ふしぎなこと　目にする
たまにしかおこらない　思いもよらない

好きな魚介類はどれですか？

あさり
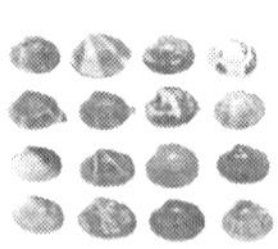
くるまえび

あなご

あゆ

あじ

あんこう
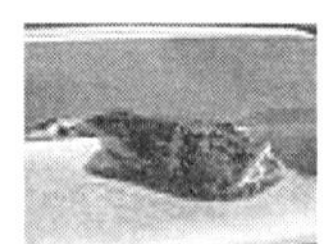

たこ
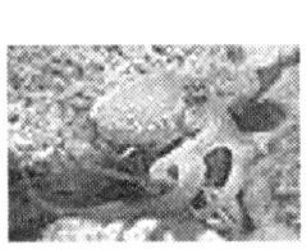
いせえび
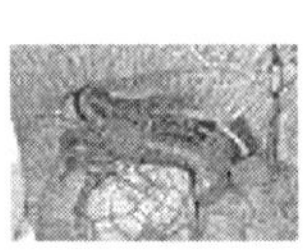
毛がに

ずわいがに

うに
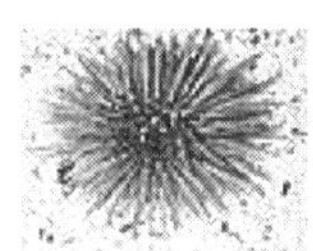
たちうお

こはだ

かれい
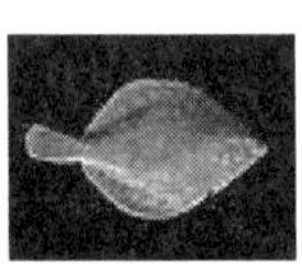
サーモン

さざえ
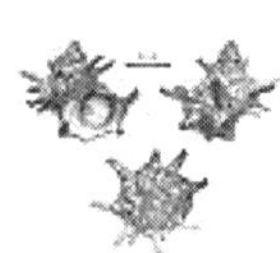
さくらえび
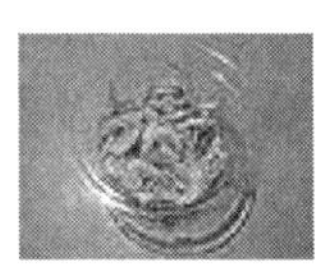
しらす

ムール貝

ほたて

はまぐり

にしん

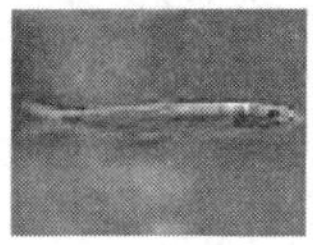

ほや

にべ

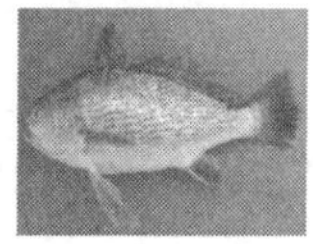

はも

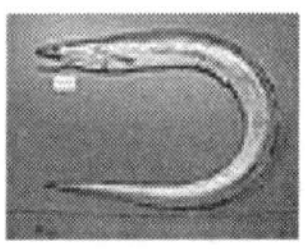

ひらめ

わかさぎ

はたはた

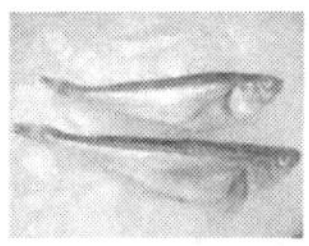

かき

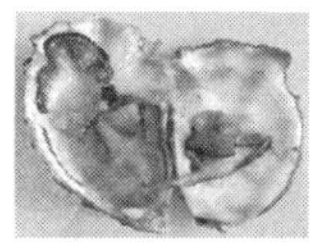

たい

いしもち

にべ

まだら

いわし

あわび

いか

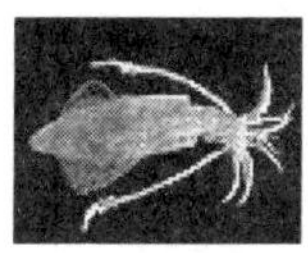

くらげ

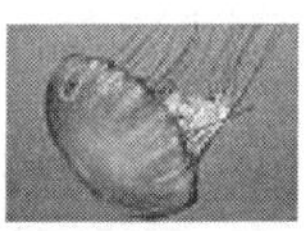

ふぐ

ぶり

かつお

こい

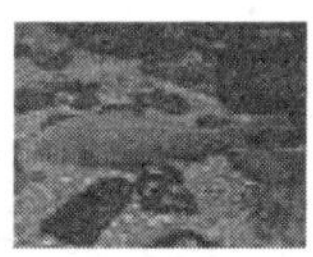

さんま

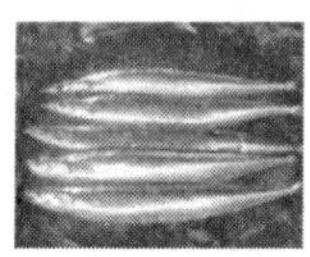

まぐろ

ぼら

新しい言葉と漢字のよみがな

好(す)きな	魚介類(ぎょかいるい)	あさり	くるまえび	あなご	あゆ
あじ	あんこう				
たこ	いせえび	毛(け)がに	ずわいがに	うに	たちうお
こはだ	かれい	サーモン	さざえ	さくらえび	しらす
ムール貝(がい)	ほたて	はまぐり	にしん	ほや	にべ
はも	ひらめ	わかさぎ	はたはた	かき	たい
いしもち	にべ	まだら	いわし	あわび	いか
くらげ	ふぐ	ぶり	かつお	こい	さんま
まぐろ	ぼら				

答え

1 ごはん　もち　白玉

2 次に　さらに

3 ⓑ

4 ⓐ

5 ⓐ

6 ⓑ

Unit 15

すがたをかえる大豆 1

国分牧術

わたしたちのまいにちの食事には、肉・やさいなど、さまざまなざいりょうが調理されて出てきます。その中で、ごはんになる米、

パンやめん類になる麦のほかにも、多くの人がほとんど毎日口にしているものがあります。なんだか分かりますか。それは、大豆です。

大豆がそれほど食べられていることは、意外と知られていません。大豆は、いろいろな食品にすがたをかえていることが多いので気づかれないのです。

大豆は、ダイズという植物のたねです。えだについたさやの中に、二つか三つのたねが入っています。ダイズが十分に育つと、

さやの中のたねはかたくなります。これが、わたしたちが知っている大豆です。かたい大豆は、そのままでは食べにくく、消化もよくありません。

そのため、むかしからいろいろ手をくわえて、おいしく食べるくふうをしてきました。

新しい言葉と漢字のよみがな

食事(しょくじ)	肉(にく)	やさい	さまざま	ざいりょう	調理(ちょうり)する
ごはん	米(こめ)	めん類(るい)	麦(むぎ)	口(くち)にする	大豆(だいず)
意外(いがい)と	食品(しょくひん)	すがた	気(き)づく	植物(しょくぶつ)	えだ
さや	育(そだ)つ	かたい	食(た)べにくい	消化(しょうか)	
むかし	手(て)をくわえる		くふう		

問い

1 「口にしている」とはここではどういう意味ですか。

2 「大豆」とは、何ですか。

3 大豆が入っているところは、どこですか。

4 「大豆がそれほど食べられていることは、意外と知られていません。」とありますが、これはなぜですか。

✎ ____________________

5 「そのため」の「その」がさしている文に＿＿＿線をつけましょう。

✎ ____________________

6 次の（　）に当てはまる言葉を後からえらんで、記号を書きましょう。

① 母は、ねんを入れて、（　　）仕事をする。

② 姉は、すぐに何かにぶつかってはけがをする（　　）せいかくだ。

③ 弟は、小さな犬にほえられてもなくほど、（　　）子だ。

ア　そそっかしい　　イ　おくびょうな

ウ　おおまかな　　エ　ていねいに

7 次の＿＿＿線の言葉と意味のよくにた言葉を後から選んで、記号を書きましょう。

①（　　）それは、ぼくの一生にかかわる重要(じゅうよう)な問題(もんだい)だ。

②（　　）姉(あね)は、陽気(ようき)な性格(せいかく)だ。

③（　　）それは、はっきりした事実(じじつ)だ。

ア　ほがらかな　　イ　大切(たいせつ)な

ウ　明(あき)らかな　　エ　有名(ゆうめい)な

8 次の＿＿＿線の言葉と意味のよくにた言葉を後から選んで、記号を書きましょう。

① (　　) 長い旅(たび)をおえて、家に帰って、ほっとする。

② (　　) じこにあった人のことを思うと、むねがいたむ。

③ (　　) どうなることかと不安(ふあん)だ。

ア　つらい　　　　イ　落(お)ち着(つ)く

ウ　てれくさい　　エ　心細(こころぼそ)い

9 次の＿＿＿線の言葉の意味をえらんで、○をつけましょう。

① かげぼうしに目を落(お)とす。

ア　(　　) はっと気(き)づく。

イ　(　　) はずかしくて顔(かお)があげられない。

ウ　(　　) 目を下(した)の方(ほう)に向(む)けて、ものを見る。

② なくのをやっとこらえる。

ア　(　　) あきらめる。

イ　(　　) がまんする。

ウ　(　　) 少(すこ)しずつする。

新しい言葉と漢字のよみがな

ねんを入れる	ぶつかる	けがをする	せいかく	ほえられる
なくほど	そそっかしい	おくびょうな	おおまかな	
ていねいに	一生(いっしょう)にかかわる	重要(じゅうよう)な問題(もんだい)	陽気(ようき)な性格(せいかく)	
はっきりした事実(じじつ)	ほがらかな	大切(たいせつ)な	明(あき)らかな	有名(ゆうめい)な
旅(たび)をおえる	ほっとする	むねがいたむ	不安(ふあん)だ	つらい
落(お)ち着(つ)く	てれくさい	心細(こころぼそ)い	かげぼうしに	
目を落(お)とす	はっと気(き)づく	はずかしい	顔(かお)があげられない。	
下(した)の方(ほう)に向(む)ける	こらえる	あきらめる	がまんする	

答え

1 食べる。

2 だいずという植物のたね。

3 さや。

4 大豆は、いろいろな食品にすがたをかえていることが多いから。

5 かたい大豆は、そのままでは食べにくく、消化もよくありません。

6 ① エ　② ア　③ イ

7 ① イ　② ア　③ ウ

8 ① イ　② ア　③ エ

9 ① ウ　② イ

ふるさと

作詞　高野辰之
作曲　岡野貞一

1　兎追いし　かの山
小鮒釣りし　かの川
夢は　今も　めぐりて
忘れがたき　ふるさと

2　如何にいます　父母
恙無しや　友垣
雨に　風に　つけても
思い出ずる　ふるさと

3　志を　果たして
いつの日にか　帰らん
山は　あおき　ふるさと
水は　清き　ふるさと

新しい言葉と漢字のよみがな

兎（うさぎ）	追（お）いし	かの山	小鮒（こぶな）	釣（つ）りし	かの川
夢（ゆめ）	今（いま）も	めぐりて	忘（わす）れがたき	ふるさと	
如何（いか）にいます	父母（ちちはは）	恙無（つつがな）しや			
友垣（ともがき）	つける	思（おも）い出（い）ずる	志（こころざし）を果（は）たして		
いつの日にか	帰（かえ）らん	清（きよ）き			

Unit 16

すがたをかえる大豆　2

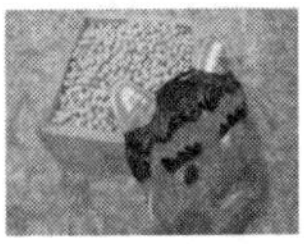

いちばん分かりやすいのは、大豆をその形のままいったり、にたりして、やわらかく、おいしくするくふうです。いると、豆まきに使う豆になります。

水につけてやわらかくしてからにると、に豆になります。正月のおせちりょうりに使われる黒豆も、に豆の一つです。

に豆には、黒、茶、白など、いろいろな色の大豆が使われます。

次に、こなにひいて食べるくふうがあります。もちやだんごにかけるきなこは、大豆をいって、こなにひいたものです。

また、大豆にふくまれる大切なえいようだけを取り出して、ちがう食品にするくふうもあります。大豆を一ばん水にひたし、なめらかになるまですりつぶします。これに水をくわえて、かきまぜながら熱します。その後、ぬのを使って中身をしぼり出します。しぼり出したしるに、にがりというものをくわえると、かたまって、とうふになります。

さらに、目に見えない小さな生物の力をかりて、ちがう食品にするくふうもあります。ナットウキンの力をかりたのが、なっとうです。むした大豆にナットウキンをくわえ、あたたかい場所に１日近くおいて作ります。

新しい言葉と漢字のよみがな

煮(に)る　煎(い)る　やわらかい　豆(まめ)まき

水につける　に豆　正月(しょうがつ)　おせちりょうり

黒(くろ)　茶(ちゃ)　白(しろ)　こなにひく　だんご　ふくまれる

大切(たいせつ)　えいよう　取(と)り出(だ)す　ちがう　食品(しょくひん)

一(ひと)ばん　水にひたす　なめらか　すりつぶす

水をくわえる　かきまぜる　熱(ねっ)する　ぬの

中身(なかみ)をしぼり出(だ)す　しる　にがり　かたまる

とうふ　さらに　生物(せいぶつ)　かりる

ナットウキン　なっとう　むす

問い

1 豆をいって作った豆はいつ使いますか。

✎ ______________________________

2 豆をやわらかくするためにはどうしますか。

✎ ______________________________

3 豆のかたちをかえたものには何がありますか。

✎ ______________________________

○ 次の＿＿＿＿線の言葉の意味を選んで、○をつけましょう。

4 さまざまなざいりょうが調理されて出てきます。

① (　　) 食べ物をりょうりすること。

② (　　) 食べ物を細かく切ること。

③ (　　) りょうりをたくさん作ること。

5 かたい大豆は、そのままでは食べにくく、消化もよくありません。

① (　　) 食べたものを、おいしいと感じること。

② (　　) 食べたものをはきだすこと。

③ (　　) 食べたものが、体の中でこなれること。

6 大豆をいる。

① (　　) ざいりょうを、なべの油の中に入れて熱する。

② (　　) ざいりょうを、なべなどで、こうばしくなるまで熱する。

③ (　　) ざいりょうを、なべなどを使わずに、火にじかにあてて熱する。

7 はたけの作物が育つ。

① (　　) やさいとくだもの。

② (　　) 田やはたけで育てる米や麦、やさいなど。

③ (　　) えいようがたくさんある食べもの。

8 食事に取り入れてきたむかしの人々のちえにおどろく。

① (　　) 物事の意味を分かり、考えるはたらき。

② (　　) むかしからならわしとして行ってきた事がら。

③ (　　) 新しいものを作りだす力。

新しい言葉と漢字のよみがな

さまざまなざいりょう　調理（ちょうり）される　りょうりする

食べ物　細（こま）かく切る　かたい大豆　そのまま　食べにくい

消化（しょうか）　はきだす　こなれる　熱（ねっ）する　こうばしい

火にじかにあてる　はたけ　作物（さくもつ）が育（そだ）つ　田（た）　育てる

取り入れるちえ　おどろく　ならわし　事がら

作りだす

答え

1 せつぶんのとき

2 水につけておく。

3 きなこ　豆腐　ナットウ

4 ①

5 ③

6 ②

7 ②

8 ①

Unit 17

とらとおじいさん

アルピン＝トルセルト作　「光吉夏弥　訳」(とらとおじいさん)より

とら　　おや、なにかうまそうなにおいがするぞ。どこだろう。
(どらがおりに近づいていく。)

とら　　は、はん。ここだな。よし、よし。(中に入ったとたんに、戸がしまって、とらは出られなくなる。)

とら　　助けてくれ。助けてくれ。だれか、助けてくれ。(おじいさんがやってくる。)

とら　　おじいさん。おじいさん。おれさまをここから出してくれ。おりの戸がしまって、出られなくなちゃった。

おじいさん　　そうらしいね。わなにかかったんだものね。

とら　　いいから、早くおれさまを出してくれ。早く。

おじいさん　　そんなことをしたら、おまえさんは、すぐにわしを食べちゃうだろう。

とら　　ばかなことを言うんじゃないよ。おれさまはもう、めしはすんでるんだ。

中略

きつね　　どうも、よく分からないな。おじいさんがおりの中にいて、それから——、とらさんがやって来て、おじいさんを出してやって、
食べてやると言うのに、おじいさんは、ありがとうも言わない。

とら　　ちがう、ちがう。このおれさまが、おりの中にいたんだよ。こんなふうに——。(とらが入ると、きつねが急いで戸をしめる。)

きつね　　これで、やっと分かった。

とら　　それから、じいさんがやって来て、おれさまを出してくれたんだ。じいさんや、もう一度出しておくれよ。さあ、早く。(おじいさんはげらげら笑い出す。そして、きつねに向かって。)

おじいさん　　なるほど、なるほど、きつねどん。あんたは、知恵者だね。わしはあんたに、うんとありがとうを言わなくちゃならないね。

新しい言葉と漢字のよみがな

うまい	におい	おり	近(ちか)づく	助(たす)ける	助けて
戸(と)	しまる	そうらしい	わな	かかる	わなにかかる
おれさま	おまえさん	わし	やってくる	やっと	
げらげら笑う	向(む)かう	なるほど	きつねどん		
知恵者(ちえしゃ)	うんと				

問い

1 とらがおりに近づいていったのは、なぜですか。

✎ ______________________________

2 1行目の「おや、なにかうまそうなにおいがするぞ。」のような部分と、2行目の「(とらがおりに近づいていく。)のような部分を、
脚本の中でなんといいますか。次の中からそれぞれえらんで、記号を書きましょう。

1行目 (　　　)　　　2行目 (　　　)

ア せりふ　　イ ト書き　　ウ 前書き

3 とらがおりに入って出られなくなったわけを、おじいさんは、なんと言っていますか。

✎ ______________________________

4 次の (　　) に当てはまる言葉をあとからえらんで、記ごうで書きましょう。

(1) 負けないように、(　　) つなを引く。

(2) 夕方になって、(　　) 勝負がつく。

(3) 今まで (　　) 勝ったことがない。

(4) つなをむすび、（　　）大会がはじまった。

(5) 空が暗かったが、（　　）雨になった。

ア　ほとんど　　イ　ようやく　　ウ　いよいよ
エ　やはり　　オ　けんめいに

5 右側の言葉と合うものを左側からえらんで、（　）の中に記号を書きなさい。

(1) 雪が　（　）　　ア　ふり回す。
(2) 力を　（　）　　イ　ふりしきる
(3) はたを　（　）　　ウ　ふりしぼる
(4) 後ろを　（　）　　エ　ふりむく

6 次の意味の言葉をあとからえらんで、記ごうで書きましょう。

(1) まけたのがくやしくて言いわけをすること。（　　）
(2) いきおいがつくこと。（　　）
(3) 気持ちが高ぶること。（　　）
(4) 物事が起ってきたわけ。（　　）
(5) まじめな様子。（　　）

ア　真けん　　イ　負けおしみ　　ウ　由来
エ　はずみ　　オ　こうふん

新しい言葉と漢字のよみがな

せりふ　ト書(が)き　前(まえ)書き　負(ま)ける　つなを引(ひ)く

夕方(ゆうがた)　勝負(しょうぶ)がつく　勝(か)つ　つなをむすぶ　大会(たいかい)がはじまる

空が暗(くら)かった　雨になった　ほとんど　ようやく　いよいよ

やはり　けんめいに　脚本(きゃくほん)　一行目(いちぎょうめ)　はたをふり回(まわ)す

雪がふりしきる　力をふりしぼる　後(うし)ろ　ふりむく　くやしい

言いわけをする　いきおいがつく　気持ちが高(たか)ぶる

まじめな様子(ようす)　真(しん)けん　負(ま)けおしみ　由来(ゆらい)　はずみ

こうふん

答え

1 うまそうなにおいがしたから。

2 ア　イ

3 わなにかかったんだものね。

4 (1) オ　(2) イ　(3) ア　(4) ウ　(5) エ

5 (1) イ　(2) ウ　(3) ア　(4) エ

6 (1) イ　(2) エ　(3) オ　(4) ウ　(5) ア

Unit 18

おにごっこ

もりしたはるみ「おにごっこ」より

遊び方の一つに、「この先はだめ。」と、逃げてはいけないところを決めるものがあります。

逃げる人が、どこへでも行くことができたら、おには、つかまえるのが大変です。同じ人が、ずっと、おにをすることになるかもしれません。

逃げてはいけないところを決めることで、おには、逃げる人をつかまえやすくなります。

つかまえやすければ、おにになることもいやではなくなります。

また、「ここにいればつかまらない。」ということを、決める遊び方もあります。おになった人の足が速いと、みんな、すぐにつかまってしまいます。それで、逃げる人が、かんたんにはつかまらないようにするのです。地面に丸や四角をかいて、逃げる人だけは入れるところを決めれば、その中に逃げこむことができます。

高いところにいるときはつかまらない、木にさわっているときはつかまらないときめれば、おににおいつかれそうになっても、ひと休みすることができます。こうすることで、つかれた人も、走るのが苦手な人も、すぐにはつかまらずに、遊ぶことができます。

新しい言葉と漢字のよみがな

遊(あそ)び方　　この先　　だめ　　逃(に)げてはいけない　　ところを決(き)める

おにがつかまえる　　大変(たいへん)　　同(おな)じ　　ずっと　　～かもしれません

いやではなくなる　　また　　足が速(はや)い　　すぐに　　それで

かんたんにはつかまらない　　地面(じめん)　　丸(まる)や四角(しかく)をかいて　　だけ

入れる　　逃げこむ　　木にさわっている　　おににおいつかれる

ひと休(やす)みする　　こうする　　つかれた人　　苦手(にがて)な人　　つかまらずに

問い

1 「遊び方の一つ」とありますが、どんな遊び方ですか。

＿＿＿＿＿＿＿＿＿＿＿＿＿＿＿＿＿＿＿＿

2 「ここ」のれいとして、どこをあげていますか。

＿＿＿＿＿＿＿＿＿＿＿＿＿＿＿＿＿＿＿＿

3 つかまらないところやときをきめるのは、なんのためですか。つぎから一つえらんで、〇をつけましょう。

① （　　）逃げる人が、すぐにつかまるため。

② （　　）逃げる人が、かんたんにつかまらないため。

③ （　　）おにが、一休みするため。

4 左側の言葉と合うものを右側からえらんで、（　　）に記号を書きましょう。

(1) ① 近ごろ（　　）　　ア　バスが来るだろう。
　　② すぐに（　　）　　イ　よく見かける。

(2) ① 今どき（　　）　　ア　そんな言葉は使わない。
　　② 今にも（　　）　　イ　雨が降りそうだ。

(3) ① とっくに（　　）　ア　練習が始まる。

② そのうち（　　）　イ　練習は終わった。

5 次の言葉の意味をあとからえらんで、記号で書きましょう。

(1) 研究（　　）　(2) レポート（　　）

(3) ひけつ（　　）　(4) グッズ（　　）

(5) 見出し（　　）　(6) かじょう書き（　　）

ア　事柄を一つずつ並べる書き方。

イ　くわしく知るために、考えたり調べたりすること。

ウ　内容がすぐわかるようにつける題

エ　うまくやるためのひみつのやり方。こつ。

オ　商品。品物。

カ　調べたことをまとめたもの。ほうこく。

6 次の言葉の意味をあとからえらんで、記号で書きましょう。

(1) 活発（　　）　(2) みちびく（　　）

(3) 心がまえ（　　）　(4) わざと（　　）

ア　気の持ち方。気持ちの用意

イ　いきおいよく元気な様子。

ウ　道案内をしてつれて行く。

エ　自然にではなく、そうしようと思ってする様子。

新しい言葉と漢字のよみがな

近ごろ	すぐに	見かける	今どき	今にも	
とっくに	そのうち				
研究	レポート	ひけつ	グッズ	見出し	かじょう書き
事柄	並べる	調べる	ひみつ	やり方	こつ
商品	品物	まとめる	ほうこく	活発	
みちびく	心がまえ	わざと	いきおいよく	つれて行く。	

答え

1 にげてはいけないところをきめる（遊び方）。

2 地面にかいた丸や四角の中。

3 ②

4 (1) ①イ ②ア (2) ①ア ②イ (3) ①イ ②ア

5 (1) イ (2) カ (3) エ (4) オ (5) ウ (6) ア

6 (1) イ (2) ウ (3) ア (4) エ

Unit 19

いろはかるた

いろはかるたは、ことわざを集めて作ったかるたです。ことわざというのは、「はなよりだんご」「楽あれば苦あり」「わらう門には福来る」などの短い言葉です。

短い言葉の中に、昔からつたわるちえや教えが表されています。いろはかるたの読みふたには、ふつう、「いろは」四十七文字のそれぞれを一文字目とすることわざが書かれます。取りふたには、そのことわざのないようを表す絵が書かれます。

新しい言葉と漢字のよみがな

いろはかるた	ことわざを集(あつ)める	作(つく)る	
はなよりだんご	楽(らく)あれば苦(く)あり	わらう門(かど)には福(ふく)来(きた)る	
つたわる	ちえや教(おしえ)えが表(あらわ)される	読みふた	
ふつう	それぞれ	一(ひと)文(も)字(じ)目(め)	書かれる
取りふた	ないよう	表(あらわ)す	絵(え)

問い

1 「いろはかるた」は何を集めて作ったかるたですか。

✎ ______________________________

2 「はなよりだんご」「楽あれば苦あり」「わらう門には福来る」の意味を韓国語で書きましょう。

✎ ______________________________

3 「いろはかるた」はいくつの文字でできていますか。

✎ ______________________________

4 「ことわざ」とは、何が表された言葉ですか。

✎ ______________________________

5 右側の言葉の意味を左側からえらんで、(　　)に記号を書きましょう。

(1) ばん回 (　)　　ア うまくいく見こみがある様子。
(2) 有利 (　)　　イ 具あい。なりゆき。
(3) 都合 (　)　　ウ 元のいい状態にもどすこと。
(4) 合図 (　)　　エ 知らせあう決まり。

6 次の言葉の意味をあとからえらんで、記号で書きましょう。

✎ ______________________________

(1) 町外れ（　　）　(2) ほかけ船（　　）

(3) たいくつ（　　）　(4) 身ぶるい（　　）

ア　何もすることがなくてつまらないこと。

イ　まちの中心からはなれた、家があまりないところ。

ウ　寒さやこわさで体がふるえること。

エ　ほをはってすすむふね。

7 左側と右側の言葉がつながるように記号を（　　）に書きましょう。

(1) ぴちゃぴちゃ（　）　ⓐ ボールがころがる。

(2) ころころ（　）　ⓑ ありがぎょうれつする。

(3) しくしく（　）　ⓒ 子ねこがミルクをなめる。

(4) ぞろぞろ（　）　ⓓ おとうとがパンを食べる。

(5) もぐもぐ（　）　ⓔ おなかがいたくなる。

8 ＿＿＿線の言葉の意味をえらんで、○をつけましょう。

① トシキほどおくびょうなやつはない。

ⓐ（　　）よく考え考えして、なかなか行動にふみきれないせいしつ。

ⓑ（　　）ちょっとしたことにもこわがり、びくびくするせいしつ。

ⓒ（　　）物事に進んで向かっていくせいしつ。

② とうげのりょうし小屋でくらしている。

ⓐ (　　　) けものや鳥などをとる仕事をする人。かりゅうど。

ⓑ (　　　) 魚や貝などをとるしごとをする人。

ⓒ (　　　) 山の中で、畑をたがやして作物をつくる仕事をする人。

③ いばって、実を落とせとさいそくする。

ⓐ (　　　) あれこれと多くのことを、相手にもとめること。

ⓑ (　　　) ゆめのようなことを、相手にもとめること。

ⓒ (　　　) 早くするようにと、相手にもとめること。

④ 川がこうずいになる。

ⓐ (　　　) 川の水がべつの流れをもう一つ作ること。

ⓑ (　　　) 川の水がへり、まわりの土地がかわくこと。

ⓒ (　　　) 川の水がまして、まわりにあふれ出ること。

⑤ えだえだの細かいところまで、灯がともる。

ⓐ (　　　) 火や明かりがつくこと。

ⓑ (　　　) 火や明かりが消えること。

ⓒ (　　　) 火や明かりがついたり消えたりすること。

⑥ かまどにまきをくべる。

ⓐ (　　　) 火に入れて、火を消す。

ⓑ (　　　) 火に入れて、たく。

ⓒ (　　　) 火に入れて、温める。

新しい言葉と漢字のよみがな

ばん回(かい)　見こみがある　有利(ゆうり)　具(ぐ)あい　なりゆき　都合(つごう)

元(もと)　もどす　合図(あいず)　知らせあう　決(き)まり　町外(まちはず)れ

ほかけ船(ぶね)　こうし戸(ど)　たいくつ　夜更(よふ)け　身ぶるい　つまらないこと

はなれる　寒さやこわさ　体がふるえること　ほをはる　すすむふね

ぴちゃぴちゃミルクをなめる　ころころボールがころがる

ぞろぞろありがぎょうれつする　もぐもぐ食べる　しくしくおなかがいたくなる

おくびょうなやつ　行動(こうどう)にふみきれないせいしつ　ちょっとしたこと　こわがる

びくびくする　進(すす)んで向(む)かっていく　とうげのりょうし　小屋(こや)でくらす

けものや鳥(とり)などをとる　かりゅうど　魚(さかな)や貝(かい)などをとる　畑(はたけ)をたがやす　作物(さくもつ)をつくる

いばる　実(み)を落(お)とす　さいそくする　相手(あいて)にもとめる　川がこうずいになる

水がへる　土地(とち)がかわく　川の水がます　まわりにあふれ出る　灯(ひ)がともる

火(ひ)や明(あ)かりがつく　かまどにまきをくべる　火に入れる　たく　温(あたた)める

memo

答え

1 ことわざ。

2 금강산도 식후경.　　세상일은 언제나 즐거움만 있는 것은 아니다.
늘 웃음 소리가 넘치고 화기에 찬 집에는 자연히 복이 찾아온다.

3 47文字。

4 昔からつたわるちえや教えが表されています。

5 (1) ウ　(2)ア　(3)イ　(4)エ

6 (1) イ　(2)エ　(3)ア　(4)ウ

7 (1) ⓒ　(2)ⓐ　(3)ⓔ　(4)ⓑ　(5)ⓓ

8 ① ⓑ　②ⓐ　③ⓒ　④ⓒ　⑤ⓐ　⑥ⓑ

Unit 20

海をかっとばせ

「海をかっとばせ」より　　山下明生

ワタルは、今年から野球チームに入った。今はまだベンチせんもんだが、夏の大会までには、なんとかしあいに出たいと思っている。ピンチヒッターでもいいから、なんとか出たい。

ワタルは、ひみつのとっくんをすることにきめた。「毎朝、海辺までランニングして、はまべで百回すぶりをしよう。」

さいしょの日、ワタルは、バットをつかんでうちをとび出した。風の強い朝だった。走りはじめると、耳元でかみの毛がヒュルヒュルと鳴った。

海には、だれもいなかった。はまべに打ち上げられた流木が、クビナガリュウみたいにねそべっていた。こわいのをがまんして、ワタルは、すなはまにかけ下りた。

じゅうなんたいそうをしながら、波打ちぎわまですすんでいった。海に向ってバットをかまえた。波がおしよせてきては、ワタルの前でぐうんともり上がり、はまにザザーッとくずれ落ちる。波がいちばん高くもり上がったしゅんかんをねらって、力いっぱいバットをふった。一回、二回と数えながら、気合いをこめてバットをふった。

「何してるんだ、そこで。」

ふいに、そばで声がした。顔を上げたワタルの前に、男の子が立っていた。白いぼうしに青い服の、ちっちゃな子。

「だれだ、おまえ。」

ワタルはきいた。ちっちゃな子は、それには答えず、「何してるんだ、そこで。」と、また言った。

「見りゃ分かるだろ。すぶりさ。」

「すぶりって。」

「野球のバットをふることさ。」

「なんだ、野球か。それなら知ってる。はまべに来た人たちがやってるからね。でも、あれ、白いボールをつかうんだよ。」

「だから、これは練習さ。白いボールがあるつもりで、波に向ってばっとをふるんだ。」

「分かった。それなら、ぼく、練習をてつだってやるよ。」

そう言ったかと思うと、男の子はすたすたと海の中へ歩いていき、波のうらがわにきえてしまった。

「行くぞ。」

男の子の声が聞こえた。同時に、波の後ろからひょいとうでがあらわれて、真っ白いボールがとんできた。ワタルは、あわててバットをふった。

新しい言葉と漢字のよみがな

海(うみ)　かっとばす　なんとか　ピンチヒッター　ひみつ　とっくん

きめる　毎朝(まいあさ)　海辺(うみべ)　ランニング　はまべ　すぶり

さいしょの日(ひ)　バットつかむ　とび出(だ)す　走(はし)りはじめる　耳元(みみもと)　かみの毛(け)

ヒュルヒュルと　鳴(な)る　はまべ　打(う)ち上(あ)げられる　流木(りゅうぼく)　クビナガリュウみたいに

ねそべる　ねそべって　こわい　がまんする　かけ下(お)りる

じゅうなんたいそう　波打(なみう)ちぎわ　すすむ　かまえる　波がおしよせる

ぐうんと　もり上がる　はま　ザザーッと　くずれ落(お)ちる　もり上がる

しゅんかん　ねらう　力(ちから)いっぱい　ふる　気合(きあ)い　こめる

ふいに　そば

声(こえ)がする　ちっちゃな子　おまえ　つもり　てつだう

すたすたと　うらがわ　きえる　ひょいと　うで　あらわれる

真(ま)っ白(しろ)い　あわてる

問い

1 「ひみつのとっくん」をすることにしたのは、なぜですか。

____

2 「ひみつのとっくん」として、何をすることにしましたか。

____

3 ワタルは、どこに向かって、どんなときをねらって、バットをふりましたか。
次の（　　）にあてはまる言葉をぬき出しましょう。

（　　　　　　　　　　）に向かって、
（　　　　　　　　　　）をねらってふった。

4 つぎの＿＿＿線の言葉の意味として、合っているものに○をつけましょう。

① けがの<u>手当て</u>をする。

ⓐ（　　）ひどくならないように手をつなぐこと。
ⓑ（　　）よくなるようにいろいろなしょちをすること。
ⓒ（　　）ほうたいをぐるぐるまくこと。

② お話に<u>ひきつけられる</u>。

ⓐ（　　）気になって、もっと知りたいと思う。
ⓑ（　　）うそだと知って、びっくりする。

ⓒ（　　）ひきずられて、よくないことを考える。

③ ひみつをささやく。

ⓐ（　　）よわよわしい声で、おっかなびっくり話すこと。

ⓑ（　　）小さな声で、ひそひそと話すこと。

ⓒ（　　）こわそうな声で、おどろかそうとして話すこと。

④ ぼんのような月。

ⓐ（　　）月が、おぼんのようにまん丸なようす。

ⓑ（　　）おぼんが、月のようにまん丸なようす。

ⓒ（　　）月が、おぼんのように黄色いようす。

⑤ わかい馬が、おおかみの前に立ちふさがった。

ⓐ（　　）前に立って、行く手をさえぎった。

ⓑ（　　）前に立って、ぱたんとたおれた。

ⓒ（　　）先頭をきって、走り出した。

⑥ むちゅうで組み立てる。

ⓐ（　　）なにかをしながら、てきとうにしごとをすること。

ⓑ（　　）われをわすれて、一つのことに心をかたむけること。

ⓒ（　　）気持ちばかりがあせって、なかなかすすまないこと。

新しい言葉と漢字のよみがな

けが　手当(てあ)てをする　手をつなぐこと　しょちをする
ほうたいをぐるぐるまく　ひきつけられる　気になる　うそだ
びっくりする　ひみつをささやく　よわよわしい声
おっかなびっくり話す　こわそうな声　おどろかす　ぼんのような月
まん丸なようす　おおかみ　立ちふさがった　さえぎった
ぱたんとたおれた　先頭(せんとう)をきって　むちゅう　組(く)み立てる
てきとうに　われをわすれて　心をかたむける
気持ちばかりがあせって　なかなかすすまない

4 次の中から、「秋の七草」に入るものを七つ選んで、○をつけましょう。

①（　　）ききょう　②（　　）きく　③（　　）はぎ

④（　　）なでしこ　⑤（　　）ふじばかま　⑥（　　）すすき

⑦（　　）くず　⑧（　　）コスモス　⑨（　　）おみなえし

新しい言葉と漢字のよみがな

ききょう	きく	はぎ	なでしこ
ふじばかま	すすき	くず	コスモス
おみなえし	秋(あき)の七(なな)草(くさ)		

memo

答え

1 夏の大会までには、なんとかしあいに出たい（と思っている）から。

2 毎朝、海辺までランニングして、はまべで百回すぶりをする（ことにした）。

3 （順に） 海　波がいちばん高くもり上がったしゅんかん

4 ①ⓑ　②ⓐ　③ⓑ　④ⓐ　⑤ⓐ　⑥ⓑ

5 ①　③　④　⑤　⑥　⑦　⑨

人体名称（じんたいめいしょう）

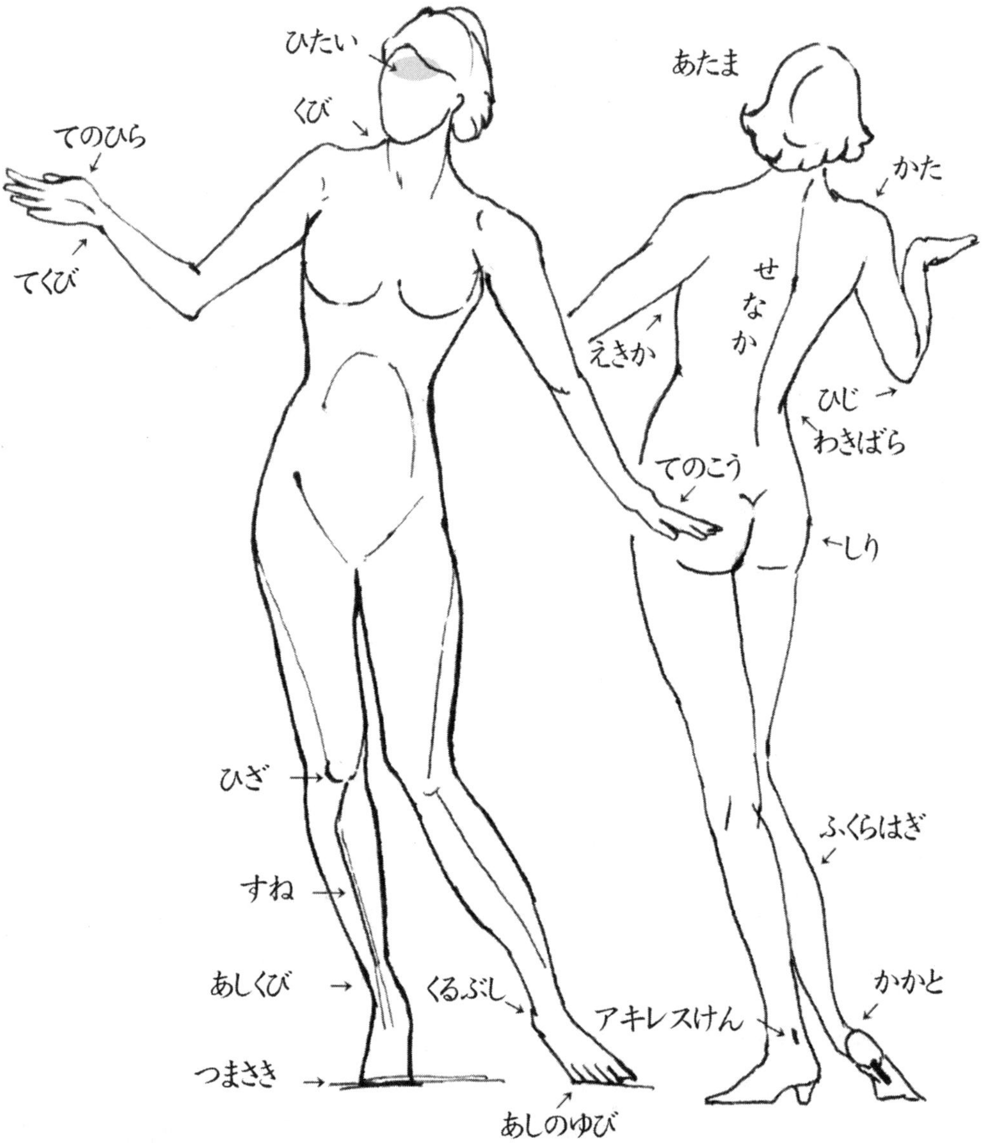

<助数詞>

1. 人は、「一人(ひとり)、二人(ふたり)、三人(さんにん)…」と、「人(にん)」で数える。

2. 動物は、「(猫・いわし)一匹(いっぴき)、二匹(にひき)、三匹(さんびき)…」と、「匹(ひき)」で数える。

3. 大きい動物は、「(象・鯨)三頭」などと「頭(とう)」で数える。

4. 鳥は、「(コンドル・わし・カナリア・すずめ)二羽」などと「羽(わ)」で数える。

5. 長い物は、「(煙突・鉛筆・ネクタイ)一本(いっぽん)、二本(にほん)、三本(さんぼん)…」と、「本(ほん)」で数える。

6. 薄い物、平たい物は、「(油揚げ・ござ)三枚」「(碁盤・テニスコート)二面」などと「枚(まい)」「面(めん)」で数える。

7. 機械・器具、固定した施設などは、「(カメラ・自動車)三台」「(ガスタンク・原子炉)三基」などと「台(だい)」「基(き)」で数える。

8. 船は、「(貨物船)二隻」などと「隻(せき)」で数える。

9. 小さい船は、「(はしけ)三艘」などと「艘(そう)」で数える。

10. 航空機は、「(グライダー)四機」「(旅客機)五台」などと「機(き)」「台(だい)」で数える。

11. 車両は、「六両(編成の列車)」などと「両(りょう)」で数える。

12. 手に持って使う道具類は、「(おの・かま・かんな・くわ・すき・銃・バイオリン)二挺」などと「挺(ちょう)」で数える。

13. 束ねた物は、「(ほうれんそう)二把」などと「把(わ)」で数える。

14. 種類の異なる物を一括して数える場合は、「(いす・テーブル・テレビなど)五点」「(土・建物)三件」などと「点(てん)」「件(けん)」を用いる。

이 계 옥

성신여자대학교 일어일문학과 졸업(1977. 2)
한국외국어대학교대학원 석사학위 취득(1980. 2)
한국외국어대학교대학원 박사학위 취득(2002. 2)
현재 배화여자대학교 일어통번역과 교수(1984. 9 ~ 현재)

日本語 読解 1

초판인쇄 2013년 12월 26일
초판발행 2013년 12월 30일

저 자 이 계 옥
발 행 인 윤 석 현
발 행 처 제이앤씨
책임편집 최인노·김선은
등록번호 제7-220호

우편주소 ㉾ 132-702 서울시 도봉구 창동 624-1
북한산 현대홈시티 102-1106
대표전화 02) 992 / 3253
전 송 02) 991 / 1285
홈페이지 http://www.jncbms.co.kr
전자우편 jncbook@hanmail.net

ISBN 978-89-5668-884-8 13730 정가 10,000원